사랑하는 아들 딸들에게 주는

정약용의 편지

사진 및 그림자료 출처

강진군 다산유물전시관
국립중앙박물관
국립민속박물관
규장각 한국학연구원
고려대학교박물관
문화재청

※ 출처를 확인하지 못한 자료는 확인되는 대로 일반적 기준에 따라 저작권료를 지불하겠습니다.

사랑하는 아들 딸들에게 주는
정약용의 편지

글 | 이원준　　펴낸이 | 최병섭　　펴낸곳 | 이가출판사
초판1쇄발행 | 2010년 12월 20일　　2쇄발행 | 2011년 1월 20일
주소 | 서울시 영등포구 신길동 194-70
대표전화 | 716-3767　　팩시밀리 | 716-3768
E-mail | ega11@hanmail.net
ISBN 978-89-7547-088-2 (74990)

정가 11,000원
잘못 만들어진 책은 구입하신 서점에서 교환해 드립니다.
이 책의 저작권은 이가출판사에 있습니다. 무단전제와 복제를 금합니다.

사랑하는 아들 딸들에게 주는

정약용의 편지

글 · 이원준

이가출판사

책을 펼치며

　세종대왕은 어린 태자시절부터 밤낮을 가리지 않고 공부에 힘썼는데 너무 무리한 나머지 병이 날 때가 많았어요. 병석에서도 책을 읽자 이를 걱정한 아버지 태종 임금이 책을 모두 압수하라는 명을 내렸지요. 그러나 세종은 병풍 뒤에 있어 미처 가져가지 못했던 책을 꺼내 또 밤새워 읽기 시작했어요.
　결국 태종 임금은 말릴 수 없다는 것을 깨닫고는 압수한 책을 모두 돌려주었답니다.

　다산 정약용(丁若鏞, 1762~1836) 선생님도 두 아들에게 이 이야기를 잊지 않고 들려주셨을 거예요. 두 아들을 위해서라면 세상의 온갖 좋은 글과 말은 물론 숨어있는 이야기까지 모두 찾아내 전해주려고 했던 분이었으니까요.
　조선시대 후기의 실학자 다산 선생님은 뛰어난 학자이자 정치가로 지금까지도 그 이름을 이어가고 있어요. 정조 임금의 행차를 위해 한강에 배다리를 놓고, 수원 화성을 쌓을 때는 거중기를 고안해내는 등 유능한 과학자이자 발명가로도 인정을 받고 있지요.

늘 고통 받는 백성들을 위해 개혁의 의지를 다지고 실학을 완성할 수 있었어요. 모두가 나라와 백성을 위한 애국이자 애정의 결과였답니다.

하지만 정치적인 다툼 속에서 밀려나 먼 곳으로 유배를 떠날 수밖에 없게 되었지요. 많은 슬픔이 있었겠지만 사랑하는 가족과 떨어져 지내게 된 선생님의 마음은 무거웠을 겁니다. 특히 사랑하는 두 아들에 대한 걱정과 미안함에 차마 발길이 떨어지지 않았을 거예요.

그래서 외롭고 고달픈 유배생활 속에서도 정성이 담긴 세심한 가르침을 잊지 않았어요. 독서와 공부 방법은 물론 살아가는 자세와 미래를 위한 정신에 이르기까지 편지에 담아 마치 곁에 있는 것처럼 챙겨주셨지요.

부모에게 효도하고 형제간에 사랑하는 방법, 일가친척과 이웃을 사랑하는 방법, 의지와 용기를 갖고 최선을 다하는 방법, 부지런하고 검소하게 사는 방법 등등 말이죠.

　그래서 한편으로는 선생님이 잔소리가 심하다고 할지도 몰라요. 여러분도 부모님의 잔소리 속에서 살고 있다고 생각하지요?
　부모님이 하시는 '공부해라' '일찍 들어와라' '인사 잘 해라' '골고루 먹어라' 등등의 말씀 속에 공통분모로 들어있는 것이 무엇인지 아세요? 바로 '사랑'입니다.
　'사랑해'라는 마음이 단지 자주 다양하게 표현되다보니 잔소리처럼 들리는 것뿐이랍니다. 다산 선생님도 마찬가지로 그런 마음이셨을 거예요.

　선생님은 18년이란 긴 유배생활을 마치고 고향으로 돌아와 학문을 계속 이어가다 생을 마감했어요. 하지만 깊은 학문과 고결한 정신은 두 아들에게 고스란히 전해졌지요.
　큰아들 정학연이 지은 『삼창관집』이란 시집은 다산 선생님의 유배생활까지 엿볼 수 있는 귀한 자료이기도 해요. 둘째아들 정학유의

『농가월령가』는 농촌에서 매달 해야 할 일과 풍속 등을 한글로 노래한 소중한 유산이랍니다.

모두가 어려움 속에서도 희망을 잃지 않게 가르침을 주고 정신을 일깨웠던 선생님의 사랑 때문이었습니다. 또한 아버지의 말씀을 잘 따르며 포기하지 않고 노력했던 두 아들의 빛나는 결과이지요.

그런 선생님의 편지글 가운데 여러분에게 거름이 될 수 있는 내용들을 가려 이 책 속에 담아두었답니다.

부디 여러분도 그 거름 위에서 독서 잘 하고 공부 잘 하고 누구보다 건강하게 효도하는 사람으로 자라나 미래의 주인공이 되었으면 해요. 그런 여러분의 모습을 지켜보며 부모님은 물론 다산 선생님도 흐뭇해하실 겁니다.

이원준

차례

책을 펼치며 ◎ 4

제1장 독서와 공부를 잘하는 방법

바른 몸가짐부터 가져라 ◎ 12
포기하지 말고 정성으로 책을 읽어야 한다 ◎ 16
좋은 내용을 기록하는 습관을 들여야 한다 ◎ 20
마음의 기둥을 세우고 책을 보거라 ◎ 24
아버지의 글을 항상 새겨 읽어라 ◎ 28
가벼움에 현혹되지 말거라 ◎ 32
때를 놓치지 말고 공부해야 한다 ◎ 36
항상 마음을 다져 의지를 세워라 ◎ 40
올바른 자세로 세상을 보거라 ◎ 44
정신력으로 앞을 향해 나아가라 ◎ 48

제2장 성실함 속에서 자신 있게 사는 방법

원망을 버리고 희망을 가져라 ◆ 54
무엇을 배우느냐에 따라 인상이 달라진다 ◆ 58
침착하게 멀리 보는 자세를 가져라 ◆ 62
가정의 화목을 위해 힘써라 ◆ 66
용기를 갖고 열심히 노력해라 ◆ 70
자기중심을 세우고 살아라 ◆ 74
양심에 어긋나는 일은 하지 마라 ◆ 78
옳은 것을 지키며 살아야 한다 ◆ 82
부지런함과 검소함을 실천하며 살아라 ◆ 86
거짓말을 하지 말거라 ◆ 90
신중히 생각해 말을 해야 한다 ◆ 94
남을 용서하며 사랑해라 ◆ 98
정정당당하게 살아라 ◆ 102
도움을 바라지 말고 이겨내라 ◆ 106

제3장 효도하고 사랑하며 지혜로운 삶을 실천하는 방법

효도는 끝이 없는 것이다 ✧ 112
부모에 효도하고 형제간에 사랑하라 ✧ 116
일가친척에 대한 사랑도 실천해라 ✧ 120
효도는 작은 것부터 직접 해야 한다 ✧ 124
서로 도우며 형제애를 두텁게 하라 ✧ 128
이웃을 사랑해라 ✧ 132
생활의 방법에 대해 연구하고 노력해라 ✧ 136
닭을 키워도 선비의 자세를 잃지 말거라 ✧ 140
내일을 위해 나무를 심어라 ✧ 144
채소밭 가꾸기에도 신경을 쓰거라 ✧ 148

제4장 다산 정약용 선생님은 어떤 분이셨을까

역사의 소용돌이 속에서 ✦ 154
다산 선생님의 어린 시절 ✦ 157
실학정신의 과학자로, 발명가로 ✦ 161
유배생활이 헛되지 않은 이유 ✦ 169
그리던 고향에서 삶을 돌아보며 ✦ 176
다산 선생님은 무엇을 남겼을까 ✦ 180

집을 떠나 먼 곳에서 유배생활을 하게 된 다산 정약용 선생님은 그리움과 걱정으로 마음 편할 날이 없었습니다.
특히 두 아들에 대한 사랑이 남달라서 늘 가슴에 담고 사실 정도였죠. 그래서 시간이 날 때마다 편지로 두 아들에 대한 사랑과 가르침을 보내시곤 했답니다.
그 가운데서 독서와 공부에 대한 다산 선생님의 생각을 먼저 살펴보기로 할까요? 학교에서 하는 독서 감상문, 독서만화 그리기, 독서퀴즈 등에도 많은 도움이 될 거랍니다. 물론 공부 잘 하는 방법도 있으니까 눈여겨보도록 해요.

그럼 구체적으로 선생님께서 어떤 가르침을 주셨는지 함께 펼쳐볼까요?

제1장

독서와 공부를 잘하는 방법

바른 몸가짐부터 가져라

첫째 학연, 둘째 학유 보아라.

내가 너희들에게 바라는 것은 마음을 가라앉혀 책읽기에 몰두해서 깊은 도리를 깨달을 수 있었으면 하는 것이다. 그렇게만 된다면 내 비록 가난하고 힘들게 살더라도 근심이 없겠구나.

군자는 반드시 옷차림과 시선을 바로 하며 입을 굳게 다문 채 단정히 앉아 있어야 한다. 마치 그 모습이 진흙으로 빚은 사람처럼 엄숙해야 한다. 말 또한 성실하고도 인정이 넘치되 엄격해야 한다. 몸가짐과 행동을 이처럼 한 다음에야 많은 사람들이 진심으로 따를 것이다. 또한 명성도 널리 퍼져 오래도록 전해질 것이다.

정약용의 글씨 정약용의 섬세함이 돋보이는 글씨 고(枯),양(楊). 강진군 소장

만약 몸가짐을 바르게 하지 않고 입을 가볍게 놀린다면 어찌 되겠느냐? 비록 그가 쓴 책이 깊이가 있어도 사람들은 믿음을 갖지 못할 것이다. 또한 살아 있는 동안에는 뿌리내릴 터전을 마련하지 못하고 죽어서도 쉽게 잊힐 것임을 명심해야 한다.

너희들은 이 점을 깊이 새겨 공부하는 일은 조금 늦추더라도 먼저 올바른 몸가짐에 힘써야 한다. 공부에 앞서 큰 산처럼 근엄하게 앉아 있는 자세를 익히는 것이 중요하기 때문이다. 사람을 대하고 사물을 접할 때도 먼저 곧은 마음씨와 몸가짐을 살피는 것이 우선이다. 그런 후에 남기는 글과 말들이야말로 모두가 아끼고 좋아하는 보석이 될 것이다.

다산 선생님의 말씀

예를 바르게 하여 다른 사람과 마주하는 것은 군자가 지켜야할 일이다. 공손하게 예를 갖추면 치욕도 멀리할 수 있게 된다.

군자 군자(君子)란 마음이 너그럽고 슬기로우며 학식이 높은 사람을 말하죠. 높은 벼슬을 한 사람을 일컬었고 아내가 남편을 부르는 말로도 쓰였답니다.

# 생각하는 사이, 커가는 마음

여러분은 책을 읽거나 공부를 할 때 어떤 자세를 취하나요?

처음에는 책과의 거리도 적당히 두고 등받이에 허리를 대고 곧은 자세로 있다가도 차츰 흐트러지기 마련이죠. 자신도 모르는 사이 책상에 가슴을 대거나 턱을 괴고 아예 손에 책을 든 채 넘어질듯 등받이에 몸을 기대기도 하지요.

처음에는 편할지 모르지만 곧 불편해져 집중할 수가 없게 된답니다. 그런 모습에서 다른 사람들은 책을 읽고 있다는 믿음을 갖지 못하겠지요.

다산 선생님은 두 아들에게 바른 옷차림과 시선으로 단정히 앉아있어야 한다고 강조를 하셨군요. 만약에 학문의 깊이는 있지만 그 모습이 흐트러지고 가볍다면 사람들에게 믿음을 주지 못한다는 것이죠.

조선시대 중기의 학자인 퇴계 이황은 어릴 때부터 글 읽는 것을 누구보다 좋아했답니다. 그래서 책을 손에서 놓은 적이 없을 정도였는데 올바른 자세를 한 채 정성을 다해 읽었지요. 책을 읽다가 힘이 들어도 자세를 흐트러뜨리지 않고 눕는 일도 없었어요. 이런 자세는 70세에 세상을 떠날 때까지 조금도 변함이 없었다고 합니다.

다산 선생님 역시 유배생활을 하는 동안 꼼짝하지 않고 앉아서 책을 보는 바람에 엉덩이가 짓무르기 일쑤였어요. 그래서 선반에 줄을 묶어 천장에 고정시

킨 채 서서 책을 읽고 글을 쓰기 시작했지요. 하지만 이번에는 팔꿈치가 선반에 자꾸 쓸려 딱딱하게 못이 박힐 정도가 되었답니다.

　독서든 공부든 바른 자세가 더 효과적이라는 겁니다. 다산 선생님의 말씀처럼 마음을 가라앉힐 수 있는 올바른 자세라면 무엇보다 집중이 되어 공부도 더 잘할 수 있겠지요.

유배　유배는 사형에 해당되는 죄를 범한 자를 먼 곳으로 귀양 보내 살게 하는 형벌이지요. 유배에는 비교적 가벼운 부처와 그보다 무거운 안치가 있어요. 부처는 일정한 지역을 정해놓고 그 안에서만 살게 하는 형벌인데 가족과 함께 사는 것을 허락하기도 했죠. 반면에 행동의 제한이 많았던 안치에는 세 종류가 있는데 죄가 무거울수록 조건이 나쁘고 거리도 멀어졌어요. 죄가 가벼운 죄인의 경우 자신의 고향에서 살게 했는데 이를 본향안치라고 해요. 그 다음이 먼 외지에 두는 극변안치, 먼 섬에 두는 절도안치 순서이지요. 절도안치의 경우 함경도와 황해도 또는 남해의 섬들이 자주 이용되었어요. 출입 등을 더욱 엄격히 제한하는 위리안치도 있는데 가시나무(주로 탱자나무) 등으로 울타리를 친 집 안에서만 생활하게 했답니다.

정학연, 정학유　정학연(丁學淵, 1783~1859)은 다산 선생님의 큰아들이랍니다. 강진에 유배중인 아버지를 수시로 찾아가 가르침을 받아 문장과 학문에 뛰어난 큰 학자가 되었지요. 아버지가 책을 쓸 때 도움을 준 제자이기도 하답니다. 둘째아들인 정학유(丁學游, 1786~1855)도 형과 마찬가지로 아버지에게 글공부를 배우고 가르침을 받아 훌륭한 문인이 되었지요. 역시 아버지의 저술활동에 도움을 주었고 훗날에는 『농가월령가』를 짓기도 했답니다.

포기하지 말고 정성으로 책을 읽어야 한다

너희들의 편지를 받으니 마음이 편해져 위로가 되는구나.

둘째 학유는 글쓰기가 차츰 나아지고 문장의 조리 또한 발전이 있어 보이니, 나이를 먹은 덕인지 아니면 쉬지 않고 익혀서 그런 것인지 궁금하구나.

절대 스스로 포기하는 일 없이 성의를 다하고 부지런히 힘써서 책을 읽어야 한다. 또한 책을 옮겨 적고 글을 짓는 일에도 행여 소홀함이 없어야 할 것이다.

아버지가 큰 죄를 지어 그 자식이 벼슬을 할 수 없는 폐족(廢族, 조상이 큰 죄를 지어 그 자손이 벼슬을 할 수 없게 된 집안)이라도 글을 배우지 않고 예의

다산초당 전라남도 강진군 만덕산 기슭에 자리한 다산초당. 처음에는 초가였는데 지난 1976년 지금의 기와집으로 새로 지었다. 이곳에서 정약용은 유배생활 가운데 10년을 보냈다.

가 없다면 어찌 되겠느냐? 모름지기 보통사람들보다 백배의 노력이 있어야 겨우 사람 축에 들 것이다.

나는 고생이 점점 심해지는 느낌이다. 그러나 너희들이 열심히 책을 읽고 몸가짐을 잘 하고 있다는 말을 들으면 근심이 사라진다.

큰아이는 아무쪼록 4월에 말을 사서 타고 오너라. 그러나 다시 헤어질 것을 생각하니 벌써부터 마음이 괴롭구나.

다산 선생님의 말씀

사나이는 한때 어려움을 당했다고 해서 꿈을 버려서는 안 된다. 항상 높은 하늘로 오르는 매의 기상을 품고 하늘과 땅도 작게 여기고 우주도 가볍게 움직일 수 있다는 생각을 품어야 한다.

생각하는 사이, 커가는 마음

다산 선생님이 두 아들의 편지에서 남다른 위안을 받을 수밖에 없었던 이유가 있지요.

선생님은 자신의 호 가운데 하나이기도 한 다산(茶山)이란 곳에서 유배생활을 하고 있었어요. 원래 선생님은 자신을 아끼던 정조 임금이 세상을 떠나자 순조 1년(1801) 신유박해때 경상북도 포항에 유배가 되었어요. 그 뒤 백서사건에까지 관련되어 결국 전라남도 강진으로 유배지를 옮겼고, 그곳 다산 기슭에서 유배가 풀릴 때까지 18년간 학문에 몰두하며 지내게 되었답니다.

그렇게 몸과 마음이 고달픈 상황을 견뎌내는 데에 두 아들의 편지는 아마도 큰 힘이 되었을 거예요. 그 한편으로 선생님은 아버지로서 자식에 대한 당부도 잊지 않으셨죠. 꾸준히 정성을 기울여 책을 읽고 글을 지으라는 말씀이셨어요. 벼슬을 할 수 없는 처지가 되었지만 글을 모르고 예의마저 없다면 사람 구실을 할 수 없다고 여겼기 때문이랍니다. 그래서 오히려 다른 사람들보다 몇 배의 노력을 기울여야 함을 강조하신 거지요.

선생님이 자식에 대한 그리움을 표현하는 대목에서는 가슴이 뭉클해지네요. 시간과 장소에 상관없이 자식을 사랑하는 부모의 마음은 거침이 없나 봅니다.

여러분도 무엇 때문에 책을 읽고 공부를 하는지, 어떤 마음가짐을 가져야 하

는지 한번 생각해 보세요. 그리고 항상 여러분을 위해 고생하고 애쓰는 부모님께 감사의 마음을 담은 편지 한 장 써보는 것은 어떨까요?

소중한 이야기

한 소년이 열 권도 넘는 책을 놓고 강가에 앉아 독서에 빠져 있었습니다. 마침 그 앞을 지나가던 학자 이서구가 그 모습을 보게 되었어요. 그런데 다음 날 그곳에서 다시 소년을 발견한 이서구는 그만 깜짝 놀라고 말았습니다. 소년이 아직도 책을 보고 있는 것도 놀라웠지만 그것이 중국 송나라 학자 주자가 지은 『통감강목』이라는 59권으로 된 역사책이었기 때문이죠.
"아이야, 정말로 이 어려운 책을 네가 읽고 있는 것이더냐?"
이서구의 물음에 소년은 대답했어요.
"예, 거의 다 읽었고 지금 보고 있는 것이 마지막 권입니다."
이서구는 도무지 믿을 수가 없어 책 가운데 하나를 골라 이것저것 물어봤어요. 그러자 소년은 거침없이 대답을 했고 이서구는 감탄을 하며 큰 인물이 될 것이라는 말을 남겼답니다. 이 소년이 바로 다산 선생님으로 어릴 때부터 한곳에 오래 머물면서 독서를 하는 바람에 사람들이 찾느라고 애를 먹었다고도 하네요.

신유박해 신유박해(辛酉迫害)는 순조 1년(1801)에 발생한 천주교회 박해사건이랍니다. 이 사건으로 청나라 천주교 신부 주문모를 비롯해 학자 이승훈, 정약종(다산 선생님의 셋째 형), 여성 평신도를 이끌던 강완숙 등 많은 사람들이 죽음을 당했어요. 이때 천주교와 연루되었던 다산 선생님도 유배를 갈 수밖에 없었답니다.

백서사건 백서사건(帛書事件)은 신유박해 때 천주교도 황사영이 박해받은 내용을 알리려고 했던 일이었어요. 그는 박해에 대한 대책까지 비단에 적어 베이징에 머물고 있는 포르투갈 출신 주교 고베아에게 몰래 보내려다가 발각되어 사형을 당하고 말았습니다.

좋은 내용을 기록하는 습관을 들여야 한다

책을 읽다가 너희들이 생각나서 몇 자 적어 보낸다.

독서에는 참으로 많은 어려움이 따르는 것 같구나. 그 가운데서도 좋은 책을 선택하는 방법은 무엇보다 중요하다. 그러자면 무엇을 공부할지 확고하게 결정해야 한다. 마음속에 판단할 수 있는 저울이 생긴다면 선택하고 버리는 것이 어렵지 않게 되는 것이다.

책을 읽을 때는 항상 공부에 보탬이 될 만한 것을 눈여겨 봐야한다. 도움이 되는 것은 가려서 모으고 그렇지 않은 것에는 시선을 두지 말아야 한다. 이렇게 한다면 1백 권의 책이라도 열흘이면 읽어낼 수 있을 것이다.

책을 볼 때마다 아름다운 말과 착한 행실의 바탕이 되는 것을 가려 기록해 두어야 한다.

그 내용이 『소학』에는 실려 있지 않으나 그에 버금가는 것이라면 기꺼이 배워야 한다. 또한 새로운 본보기로 삼을 만한 가치가 있는 것도 따로 모아 두어야 한다. 그래야 배운 것을 잊어버리지 않게 되는 것이다.

다산 선생님의 말씀

『논어』에서 이르기를 '공부는 해도 해도 부족한 것처럼 하고 항상 배운 것을 잊어버리지 않을까 근심하라'고 했다.

소학 소학(小學)은 주자의 가르침 아래 그의 제자인 유자징이 펴낸 책입니다. 어린이들의 초보교육을 위한 것으로 일상적인 예의범절을 비롯해 어른을 공경하는 것과 친구를 사귀는 도리 등을 담고 있지요.

 생각하는 사이, 커가는 마음

여러분은 한번 읽은 책을 어디에 두나요?

이미 읽었다고 책꽂이에 꽂아두거나 아예 잊어버린 채 소홀히 하기 마련이죠. 그런데 문제는 그 책의 내용을 모두 이해하고 자기 것으로 만들었냐 하는 점입니다.

다산 선생님의 말씀처럼 책을 보면서 중요한 부분은 따로 기록하고 기억에 담아두면 어떨까요? 그리고 그 내용을 기회가 될 때마다 부모님이나 친구들에게 설명해 보세요. 머릿속에 있는 것을 말로 해보면 더 오래 기억되고 쉽게 잊어버리지 않게 되거든요.

평소 독서기록장을 활용하는 것도 도움이 될 수 있어요. 그런데 문제는 어떤 것을 기록하느냐에 있답니다. 선생님은 우선 무엇을 공부할 것인지 정해져야 선택하고 판단할 수 있다고 하셨네요. 그래서 가려낸 책을 보며 지식과 양식으로 삼을 만한 것을 기록해두는 습관을 들인다면 최고의 독서법이 되겠지요. 아름다운 말과 행동을 배울 수 있는 책이라면 더욱 좋겠고요.

안중근 의사의 "하루라도 책을 읽지 않으면 입에 가시가 돋는다"라는 말을 잘 알고 있죠? 그만큼 독서가 중요하고 소중하다는 뜻이지요. 매일매일 읽는 책은 우리에게 없어서는 안 될 공기와 햇살과도 같은 존재라고 생각해보세요.

독서를 할 때 집중하여 보고, 딴소리를 하지 않고, 마음을 가다듬어 여러 번 거듭 읽으면 반드시 그 뜻을 깨닫게 된다는 독서삼도(讀書三到)를 지키고, 한편으로는 중요한 것은 기록해두는 생활을 추천하고 싶네요.

 소중한 이야기

조선시대 전기의 의학자 유효통의 아들이 정승 황보인의 딸에게 장가를 갔을 때의 일입니다. 그 당시에는 반드시 귀한 패물을 함에 담아 예물로 보냈는데 유효통의 아들 역시 마찬가지였어요. 그런데 황보인이 반가운 마음에 많은 사람들이 보는 앞에서 그 함을 열자 모두 깜짝 놀라고 말았답니다. 그 안에는 패물 대신 책만 가득했기 때문이었어요. 황보인이 나중에 그 이유를 물어보자 유효통은 자신 있게 대답했어요.
"예로부터 집안에 황금이 가득해도 자식에게 한 권의 책을 가르치는 것만 못하다는 말이 있습니다. 그러니 결혼 예물로 책을 넣는 게 이상한 일은 아니지요."

마음의 기둥을 세우고
책을 보거라

연아, 유야 보거라.

이 세상에는 처음부터 자연스러운 상태로 완전하고 좋은 것이 있는데 놀라워할 것은 되지 못한다. 그보다는 무너지고 망가지거나 깨지고 찢어진 것들을 잘 고치고 다스려 완전하게 만드는 사람이 존경을 받을 수 있다. 그래서 죽을병을 치료한 자를 양의라 부르고, 위험에 빠진 성(城)을 구한 자를 명장이라 부르는 것이다.

오늘날 고위관리의 자제들이 벼슬을 하고 가문의 명성을 잇고 있는 것은 결코 놀라운 일이 아니다. 어리석은 사람이라도 그런 가문이라면 누구나 할 수 있는 일이기 때문이다. 너희는 지금 아버지가 죄를 지어 벼슬을 할 수 없는 처지지만 잘 극복해야 한다. 슬기롭게 대처하여 본래의 가문보다 더 훌륭하게 만든다면 기특하고 아름다운 일이 될 것이다.

어려운 환경을 잘 극복하고 대처하려면 오직 독서하는 길밖에는 없다. 독서야말로 인간에게 있어서 가장 깨끗한 일로 재산과 권력이 있는 부호가의 자제들은 그 참맛을 모른다. 벼슬을 했던 집안의 자식으로서 어려서부터 듣고 본 바가 있고 도중에 어려움을 당한 너희와 같은 처지라야 비로소 독서를 할 수 있는 것이다.

부호가의 자제들이 독서를 하지 못한다는 것이 아니다. 행여 뜻도 모르고 그냥 읽기만 한다면 올바른 독서라고 할 수 없다는 뜻이다.

공부에는 반드시 기초가 되는 힘이 기둥처럼 세워져 있어야 한다. 효(孝)와 제(悌), 즉 부모에게 효도하고 형제간에 서로 사랑하는 마음이 바로 그것이다. 이런 바탕을 갖고 다른 사람까지 공경할 줄 안다면 공부는 자연히 몸에 배게 된다. 공부가 몸에 배게 되면 독서할 때 무엇부터 읽어야할지 고민할 필요가 없어진다.

다산 선생님의 말씀

부모에 대한 효도와 형제 간의 사랑이 없으면 비록 학식이 높고 아름다운 글을 짓는다 해도 흙 담에 색을 칠해놓은 것에 불과하다.

효와 제 효와 제는 '부모에게 효도하는 마음'과 '형제간의 사랑'을 말합니다. 공자는 인간관계에서 가장 중요한 것은 부모와 형제를 사랑하고 존경하는 마음이라고 가르쳤어요. 그런 마음이 곧 다른 사람의 부모와 형제에게까지 미쳐 보다 참된 세상이 되기를 원했던 것이지요.

규장각 정조 임금시대의 학문과 개혁정치를 잘 보여주고 있는 곳이다. 정약용은 규장각에 선발돼 폭넓은 학문을 연구했다. 국립중앙박물관 소장

 ## 생각하는 사이, 커가는 마음

　다산 선생님은 벼슬을 할 수 없는 처지가 되었지만 그런 어려움을 잘 극복해 슬기롭게 대처해서 원래보다 더 훌륭한 집안을 만든다면 아름다운 일이 될 거라고 말씀하셨네요.

　권력과 돈이 많은 집안의 자식들이 책 읽는 참맛을 모른다고 하신 것은 그들을 탓해서가 아니에요. 그보다 못한 처지의 두 아들이 보다 열심히 책을 읽어야 함을 강조하신 거랍니다.

　책을 읽는 것이 집안을 일으키는 근본이라는 말도 있듯이 선생님 입장에서는 무엇보다 공부, 즉 독서가 중요한 일로 여겨졌을 거예요. 공부에 뜻을 두기 위해서는 먼저 부모에게 효도하고 형제간의 사랑에 힘쓰라는 당부도 잊지 않으셨네요.

　공부는 곧 인격 수양의 과정이기도 합니다. 그래서 가장 기본적인 효도와 우애가 갖춰지면 주변사람까지 공경하는 마음이 생기는 것이죠. 이 마음이 학문하는 근본이 되어 좋은 결과로 이끈다는 말씀이랍니다.

　지금 여러분은 어떤 마음가짐으로 공부를 하고 책을 보는지 다시 한 번 생각하는 기회가 되었으면 해요.

아버지의 글을
항상 새겨 읽어라

학연, 학유 보거라.

나는 외롭게 지내면서도 오직 시문을 짓는 일을 마음의 의지로 삼고 있단다.
간혹 한 구절, 한 편의 마음에 드는 글을 짓게 되면 혼자 읊조리고 감상하다가도 문득 너희들에게 보여주고 싶다는 생각을 하게 되는구나. 그러나 행여 너희들은 쓸모없는 것이라 여길지 모른다는 염려에 마음이 무겁다.

세월이 흘러 너희들도 나이가 들 텐데 그때도 나의 글을 읽으려 하겠느냐. 나의 생각에는 아버지의 글을 잘 읽었던 조나라의 장군 조괄이 훌

룽한 자식이라고 여겨진다.

　너희들이 만약 읽어주지 않는다면 내가 쓴 책은 쓸모없게 되는 것이다. 그렇게 되면 나는 마음을 쓸 일 없는 흙으로 만든 인형의 신세가 될 뿐이다. 나는 열흘도 못되어 병이 날 것이고 고칠 수 있는 약도 없을 것이다.
　너희들이 글을 읽는 것이 나의 목숨을 살리는 일임을 항상 가슴에 새겨두어라.

> **다산 선생님의 말씀**
>
> 부모를 섬기는 일에 있어 가장 중요한 것은 그 뜻을 거역하지 않는 것이다.

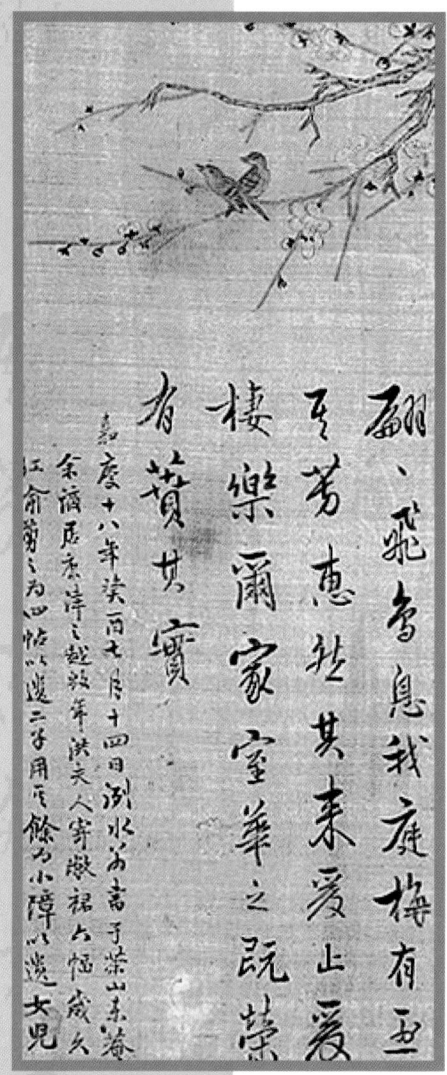

매조도 1813년 7월 시집가는 딸을 위해 비단 속 치마에 그려준 그림. 매화와 새 그리고 시가 어우러진 것으로 가족에 대한 애틋한 그리움이 쓰여 있다.
고려대학교 박물관 소장

생각하는 사이, 커가는 마음

　다산 선생님은 고달프고 힘든 유배생활을 이겨내는 방법이 시와 산문을 짓는 일이라고 하셨어요. 그 안에서 혼자 쓸쓸히 위안을 받고 또 의지를 하며 지내셨던 모습이 상상이 되네요.

　마음에 드는 글을 짓게 되면 두 아들에게 보여주고 싶어 하셨어요. 그러면서도 자신의 글을 외면할 것 같아 걱정이라는 마음도 내비치셨네요.

　아버지의 글을 잘 읽었다는 조괄은 중국 전국시대 조나라의 장군으로 명장 조사의 아들이에요. 그는 어릴 때부터 아버지 조사가 쓴 병법서(전쟁하는 방법을 적은 책)를 읽고 그 방면에 최고가 되었지요.

　다산 선생님이 두 아들에게 자신이 쓴 글을 반드시 읽게 하려는 참뜻은 무엇이었을까요?

　두 아들을 위해 자신이 갖고 있는 모든 것을 전해주려는 끝없는 사랑이랍니다. 그래서 그것을 목숨처럼 소중하게 여긴다고까지 하신 게 아니었을까요.

가벼움에 현혹되지 말거라

학연, 학유 보거라.

최근 몇몇 청년들이 중국의 원나라와 명나라 때 점잖지 못한 사람들이 지은 보잘것없는 글에 정신이 팔려있어 걱정이구나.
그것을 그대로 모방해 시를 짓고는 뛰어난 글이라고 자랑하기도 한다. 또한 거만하게 남이 쓴 글을 헐뜯고 세상을 어지럽히려고 하는데 그들이 딱할 뿐이다.

글은 반드시 공자의 가르침이 담긴 경서를 기본으로 익힌 뒤라야 한다. 그런 다음 과거의 역사를 폭넓게 살펴 잘한 것과 못한 것을 구별해야 한다. 또한 어떤 정치가 옳고 왜 세상이 혼란에 빠지는지도 알아야 하는 것이다. 실생활에 필요한 공부에도 관심을 기울여 백성들이 잘 살 수 있는 방법도 연구해야 한다.

그렇게 항상 모든 일들을 발전시키려는 마음을 다진 뒤에야 비로소 책을 읽고 글을 짓는 군자가 될 수 있는 것이다. 내 말이 현실과 거리가 있다고 여기지 말고 명심하여라.

경서 경서(經書)란 유교사상을 담은 사서오경 등의 책을 말합니다. 공자와 맹자처럼 성현들이 지은 책으로 사서오경은 사서와 오경을 뜻하지요. 『논어』, 『맹자』, 『중용』, 『대학』이 사서이고 『역경』, 『서경』, 『시경』, 『춘추』, 『예기』가 오경이랍니다.

공자 공자(孔子, BC 551~BC 479)는 중국의 고대 춘추시대 노나라에서 태어난 인물이지요. 키가 무려 2m에 달하는 거구라고 전해지는데 외모와는 달리 인(仁, 어진마음)과 애(愛, 사랑)의 실현을 통해 이상적인 나라를 만들고자 했던 세계 4대 성인(聖人) 가운데 한사람이랍니다.

맹자 맹자(孟子, BC 372~BC 289)는 중국 전국시대의 유교 사상가로 공자의 유교사상을 배웠지요. 도덕정치를 주장했지만 받아들여지지 않아 고향에서 제자교육에 전념했답니다. 어릴 때 어머니가 교육 때문에 세 번을 옮겨 다녔다는 '맹모삼천지교'로도 유명하지요.

# 생각하는 사이, 커가는 마음

다산 선생님이 실망과 걱정으로 마음이 무거워지셨어요. 청년들이 다른 나라에서 아무렇게나 만들어진 책을 읽고 흉내까지 내는 일이 한심스러웠기 때문입니다.

열심히 공부를 하고 있는 두 아들을 생각하니 더욱 걱정이 되셨을 거예요. 왜 선생님은 그런 일을 못마땅하게 여겼을까요? 무엇이 옳고 그른지 판단력이 없는 상태에서 받아들인 글이나 지식은 곧 독이 되기 때문이죠. 아직 성장 중이고 공부도 다하지 않은 상황이라 더욱 해가 되겠지요.

잘못된 지식을 옳다고 믿어버리면 어찌되겠어요? 자신과 맞지 않은 생각인데 무작정 따라하면 어떤 결과가 벌어지겠어요?

양식이 되지 못하는 가벼운 책들은 읽는 동안 즐거울 수는 있겠지만 결국 시간낭비일 뿐이고 발전을 가로막는 일이 되겠지요. 그래서 선생님은 유교의 가르침으로 만들어진 글이 밑바탕이 되어야 흔들림이 없다고 말씀하셨어요. 그런 군자의 자세로 배운 것들이 곧 백성과 나라를 위한 기본이 된다는 교훈도 잊지 않으셨네요.

여러분은 요즘 어떤 책들을 읽고 있나요? 혹시 부모님과 선생님이 걱정하는 책을 보고 있는 것은 아니겠죠. 우리나라 속담에도 '책에는 볼 책이 있고, 보지 말아야 할 책이 있다'는 말이 있어요. 그만큼 잘 가려서 읽어야하겠지요.

한편 아버지의 가르침을 누구보다 명심하고 실천한 큰아들 정학연은 길이 남을 자기만의 시들을 짓게 되지요. 10대 후반에서 20대 청년기인 1802~1808년에 쓴 한시 245수가 『삼창관집(三倉館集)』이란 시집에 실려 있어요.

그 가운데 1804년에 지은 「봄날」이란 시는 초봄의 한가로운 농촌풍경을 노래한 것이랍니다. 다산 선생님이 있는 강진과 한성을 오가며 눈에 비쳤던 모습을 서정적으로 담아낸 것으로 보이네요.

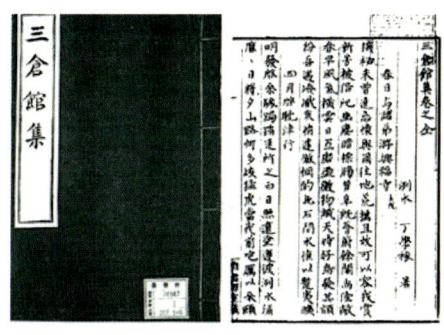

삼창관집 큰아들 정학연의 한시들을 묶은 시집. 정학연은 물론 정약용의 유배생활까지 짐작할 수 있는 내용의 귀한 자료이다.

봄날

시골집 어린아이들 이리저리 뛰놀며
배꽃 흩날리는 밝은 날에
버드나무 가지 꺾어 피리처럼 불어대는데
저 숲속에선 때때로 송아지 울음소리 들려오네.

때를 놓치지 말고 공부해야 한다

첫째 학연 보거라.

네 동생의 재능은 너보다 조금 뒤진다고 여겨왔었다. 그런데 올 여름 옛 시와 산문을 짓게 했더니 좋은 작품을 많이 보여주더구나.
너는 그런 동생보다 재능이 더 뛰어나고 어릴 때부터 배운 것도 잊지 않고 있으니 다행이다. 뜻을 굳게 세우고 더 열심히 공부한다면 서른 살 전에 큰 유학자로서 이름을 떨치게 될 것이다.

그러나 네가 공부할 나이를 점점 넘기고 있다는 사실이 안타깝구나. 집을 떠나 훌륭한 스승 아래서 공부를 해야겠지만 형편상 그렇지가 못하다. 그러니 너도 이곳에 와서 함께 지내는 것이 좋겠구나.

지금 이곳에 와 있는 네 동생의 글과 식견(사물을 분별할 수 있는 능력)은 하루하루 몰라보게 좋아지고 있다. 그런 학유를 보내고 너를 오게 할 수도 없어 걱정이다. 그래서 2년 뒤 봄에나 학유를 돌려보내려 하는데 그때까지 헛되이 보내려고 하느냐?

여러 방향으로 깊이 생각해 집에서도 혼자 공부할 수 있는 방법을 찾아보아라. 그렇게 학유가 돌아올 때까지 기다렸다가 교대해 이곳으로 오면 될 것이다. 만약 사정상 어려움이 생긴다면 내년 봄이라도 모든 일을 제쳐두고 내려와 공부를 이어가도록 해라.

네가 이곳에 와서 공부를 해야 하는 이유를 알겠느냐?

하루하루 마음씨가 비뚤어지고 행동거지가 가벼워지기 때문이다. 사물을 보고 구별할 수 있는 시야가 좁아지고 품은 뜻과 기상을 잃어가기 때문이다. 또한 공부에 깊이가 없고 재능마저 잃어가기 때문이다.

그래서 너를 이곳에 불러 가르침을 주려는 것이다. 행여 사소한 사정 따위로 핑계대려고 하지 말거라.

다산 선생님의 말씀

이황 선생은 '책을 읽는 데 어찌 장소를 가릴 것이냐?'라고 한 적이 있다. 또한 학자 주자는 '오늘 배우지 않고서 내일이 있다고 하지 마라. 올해 배우지 않고서 내년이 있다고 하지 마라'고 했다.

생각하는 사이, 커가는 마음

　누구보다 아끼고 사랑하는 큰아들에 대한 걱정과 배려가 엿보이는 편지네요.

　다산 선생님은 집안 형편상 좋은 스승에게 보내 공부를 시키지 못하는 것을 안타까워하고 있었어요. 더군다나 공부할 시기를 놓치는 게 아닐까 해서 더욱 애가 타셨죠. 그래서 결국 자신이 있는 곳으로 불러 가르침을 주고 공부를 이어가게 할 결심을 하신 것 같네요. 선생님은 두 아들이 어떤 상황이라도 손에서 책을 놓는 일만은 없기를 바라셨어요.

　중국의 송나라 때 충신으로 알려진 송공수는 학식이 높기로도 유명했지요. 그는 화장실에 갈 때조차 반드시 책을 챙겼다고 해요. 그리고 온 마을이 떠들썩할 만큼 큰소리로 읽었다지요. 그래서 주변 사람들은 책 읽는 소리가 들리면 '송공수가 또 용변을 보는 중이구나'라고 생각할 정도였대요.

　그렇다면 언제 어디서든 책을 보고 공부를 해야 하는 이유가 무얼까요? 공부를 하지 않으면 아무런 재주도 없이 하늘에 오르려고 하는 것과 같다는 말이 있어요. 반대로 공부를 통해 지혜가 깊어지면 넓고 푸른 하늘을 바라보는 것과 같게 되고, 높은 산에 올라가 온 세상을 내려다보는 것과 같게 된다지요. 그만큼 공부는 밝고 넓은 미래를 위해 꼭 필요한 준비이고 과정이랍니다.

어떤 일이든 때가 있다고 하는 말도 들어본 적이 있죠? 그래요, 예를 들어 공부할 때를 놓치면 그만큼 힘이 들게 됩니다. 물론 뒤늦게라도 공부할 수 있지만 남들보다 몇 배의 어려움이 따르고 시간에 쫓겨 조급해지기도 하겠지요.

공자가 남긴 '어려서 배우지 않으면 늙어서 아는 것이 없다'는 교훈도 한번 가슴에 담아보는 것도 좋을 것 같네요.

그런 선생님의 마음을 헤아리고 또한 누구보다 잘 깨닫고 있던 큰아들 정학연은 그래서 강진을 자주 오갔던 것이랍니다.

동생인 학유와 함께 강진에서 공부를 하고 선생님이 책을 쓰는 일에도 도움을 주었죠. 그 결과 학문은 물론 글쓰기에도 뛰어나게 되었지요. 또한 강진에서 열렸던 다산초당의 18제자 모임인 다신계에 들어 그 가치를 높이기도 했답니다.

다산초당 다산초당(茶山草堂)은 전라남도 강진군 도암면 만덕리에 있는 사적 제107호입니다. 다산 선생님은 18년 동안 유배생활을 하며 이곳에서 제자들을 가르쳤어요. 그러면서 『목민심서』, 『흠흠신서』, 『경세유표』 등 5백여 권에 이르는 책을 쓰기도 했답니다.

다신계 다신계(茶信契)는 다산 선생님이 유배생활을 마치고 고향으로 돌아가려할 때, 18명의 제자들이 스승의 은혜를 잊지 않기 위해 만든 계(契), 즉 모임이랍니다. 이것은 기록에 남아있는 우리나라 최초의 계로 다산 선생님이 돌아가신 후에도 이어졌지요. 제자들마저 세상을 떠나자 그의 자식들이 계속 약속을 지켜나가 1백 년 후까지 지속되었어요.

항상 마음을 다져
의지를 세워라

새해가 밝아왔구나.
군자는 새해를 맞이할 때 반드시 마음과 행동을 새롭게 해야 한다.

나는 젊었을 때 새해마다 해야 할 공부와 과정을 미리 계획하고는 했다. 무슨 책을 읽고 어떤 내용을 따로 기록해야할지를 정하고 실천한 것이다.

내가 지금까지 너희들에게 공부에 힘쓰라는 편지를 보낸 것이 여러 번이다. 그런데 아직 한 번도 경서의 의심스러운 곳을 물어온 적이 없었다. 또한 음악 등 예술에 대한 의문스러운 점이나 역사책에 대한 다른 생각들을 묻지 않았다.

내 말을 새겨듣지 않고 있는 듯 하니 대체 어찌된 일이냐?

너희들은 집에 책이 없느냐, 재능이 없느냐, 아니면 눈과 귀가 총명하지 못하느냐?

무엇 때문에 스스로 포기하려 드는 것이냐?

비록 벼슬을 할 수 없는 처지지만 군자가 되고 선비가 되는 데는 아무런 문제가 없다. 오히려 가난하고 힘든 생활이 너희들의 몸과 마음을 강하게 만들어주었다. 또한 슬기로운 생각과 풍부한 감정을 갖게 하고 세상의 옳고 그름을 알게 했다.

율곡 이이 같으신 분은 부모를 일찍 잃고 괴로움으로 몇 년 동안 방황한 적이 있었다. 그러나 마음을 굳게 다져 결국에는 높은 경지에 올랐다. 성호 이익은 집안에 화를 당한 뒤로 이름난 유학자가 되었다. 또한 우리 집안의 선조인 우담 정시한 선생은 세상이 알아주지 않아도 더욱 덕을 쌓기를 잊지 않았다.

그분들이 세운 업적은 감히 아무나 넘볼 수 있는 것이 아니다.

다산 선생님의 말씀

평민으로 배우지 않으면 못난 사람이 되고 말겠지만 선비 집안의 폐족이라 하여 배우지 않는다면 어찌 되겠느냐? 결국에는 도리에 어긋남이 생기고 비천하고 더러운 모습으로 타락하게 되는 것이다.

이이 이이(李珥, 1536~1584)는 조선시대 중기의 학자이자 정치가로 어머니는 신사임당이죠. 선조 임금에게 '시무육조'를 바치고 '십만양병설' 등 개혁안을 주장했습니다.

이익 이익(李瀷, 1681~1763)은 조선시대 후기 실학자로 학문의 실용성을 주장하면서 평생을 학문 연구에만 몰두하여 수많은 책을 남겼지요. 그의 정신은 다산 선생님 등에게 이어져 더욱 발전했답니다.

정시한 정시한(丁時翰, 1625~1707)은 조선시대 중기 학자로 혼자의 힘으로 성리학을 연구한 인물입니다. 성품이 곧아 잘못된 일에는 임금에게 글을 올리는 등 소신을 굽히지 않아 관직에서 내몰리기도 했어요. 그의 학문은 다산 선생님과 이익 등 실학자에게 많은 영향을 주었지요.

# 생각하는 사이, 커가는 마음

다산 선생님이 조금 잔소리가 심하다고 생각할지도 모르겠어요. 하지만 멀리 떨어진 곳에서 아버지의 마음을 전하려다보니 어쩔 수 없었을 겁니다. 매일 마주하지만 서로 대화가 없는 것보다는 큰 사랑이고 따뜻한 관심이 아닐까요?

그런데 선생님은 두 아들에 대한 기대가 너무 큰 나머지 당부와 함께 다그침을 보낼 수밖에 없었는지도 몰라요.

그 가운데서도 왜 공부를 하면서 생긴 의문점을 묻지 않느냐며 호통을 치셨죠. 경서 가운데 하나인 『대학』에 보면 공부를 할 때는 '널리 배우고 의심이 있으면 자세히 묻고 신중히 생각하고 성심껏 하며 철저히 배워라'라는 말이 있어요.

선생님께서도 항상 의지를 세우고 공부를 게을리 하지 말라고 당부를 하셨네요. 어려운 환경일수록 기죽지 말고 얼마든지 성공할 수 있으니 용기를 잃지 말라는 말씀도 하셨답니다. 용기는 어려움에 처했을 때 빛이 되는 에너지이니까요.

이순신 장군은 무과시험을 치르다가 그만 다리에 큰 부상을 입었지만 포기하지 않고 끝까지 임했다고 해요. 그 정도의 끈기를 가졌으니 시험에 합격하고 훌륭한 장군으로 이름을 남길 수 있었던 것이지요.

여러분은 새해가 되면 어떤 결심을 하나요? 올해는 책을 더 많이 읽어야지,

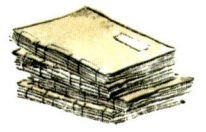

  성적을 더 올려야지, 부모님 말씀을 더 잘 들어야지, 형이나 동생과 싸우지 말아야지⋯⋯ 등등 많은 계획들을 세우죠.

  공자도 한평생의 계획은 어릴 때 세워야하고 일 년의 계획은 봄에 세워야한다고 했어요. 그러나 무엇보다 중요한 것은 다산 선생님 말씀처럼 포기하지 않고 끝까지 의지를 갖고 실천하는 일이겠지요.

  어떤 환경이라도 최선을 다해 끝까지 할 수 있다는 의지와 용기가 중요하답니다.

소중한 이야기

『논어』를 보면 군자는 다음과 같은 아홉 가지 생각을 품는다고 했어요.
볼 때 분명히 본다는 생각, 들을 때 확실히 듣는다는 생각, 얼굴빛을 온화하게 갖는다는 생각, 용모를 단정히 한다는 생각, 말은 성실히 한다는 생각, 일은 신중히 한다는 생각, 의심나는 것은 물어본다는 생각, 화를 내면 근심과 재난이 온다는 생각, 이익이 생길 때는 의리를 떠올린다는 생각.

올바른 자세로 세상을 보거라

연아, 유야! 잔소리로 여기지 말고 잘 들어라.

지난 번 너희들이 왔을 때 실망을 할 수밖에 없었다. 옷매무새를 여미고 똑바로 앉으려 하지 않았기 때문이다. 단정하고 엄숙한 모습도 전혀 찾아볼 수가 없었다.

이는 내가 잘 살피지 못해 너희에게 잘못된 몸가짐이 생겨난 것이기도 하다. 사람을 가르칠 때는 우선 외모부터 단정히 해줘야 비로소 마음이 안정된다는 성인의 말씀을 잠시 잊은 탓이다.

세상 어디에도 비스듬히 눕거나 삐딱하게 서서 함부로 지껄이고 눈을 아무렇게나 굴리면서 경건한 마음을 지닐 수 있는 사람은 없다.

얼굴 표정을 바로 하는 것, 올바른 행동을 하는 것, 고운 말을 쓰는 것이 공부하는 데 있어 가장 중요한 자세이다.

이 세 가지를 소홀히 한다면 아무리 세상을 꿰뚫어보는 재능이 있어도 소용이 없다. 또한 남보다 뛰어난 식견을 갖고 있어도 끝내는 사람 취급을 받지 못할 것이다.

다산 선생님의 말씀

표정을 바로 하지 못하고, 행동을 올바르게 하지 못하고, 고운 말을 쓰지 못한다면 걷잡을 수 없는 화를 불러온다. 잘못된 마음을 품게 되고 도적질과 못된 짓을 일삼게 되고 어긋난 말씨로 미움을 사게 되기 때문이다.

생각하는 사이, 커가는 마음

'현두자고(懸頭刺股)'라는 말을 들어본 적이 있나요? 끈으로 상투를 묶어 천장에 매달고 졸릴 때마다 송곳으로 허벅지를 찔러 가며 공부한다는 뜻이에요.

중국 전국시대 때 전략가로 유명했던 소진도 정말 책을 읽다가 졸리면 송곳으로 다리를 찔렀다고 해요. 상처에서 난 피가 발목까지 흘러내렸는데도 계속 책을 읽었다고 하지요.

상상해보면 웃음도 나고 조금 엉뚱할지 모르지만 한번쯤은 깊이 새겨볼만한 말이에요. 그런 정신과 자세로 책을 보고 공부를 한다는 다짐도 도움이 되기 때문이죠.

다산 선생님은 두 아들의 바른 몸가짐과 마음가짐을 또 강조하셨네요. 그만큼 공부에 앞서 올바른 자세가 중요하기 때문이죠. 그래야 마음이 안정이 되어 무슨 일이든 할 수 있을 테니까요.

성현의 가르침 가운데도 '군자가 용기만 있고 예의가 없으면 세상을 어지럽게 한다'는 말이 있듯이 공부만큼 중요한 것이 몸가짐과 마음가짐이랍니다.

한번 생각해보세요. 항상 삐딱한 자세로 큰소리를 치고 시선도 이리저리 굴리며 산만한 친구가 있다면 어떤 생각이 드나요? 그 친구가 아무리 공부와 운동을

잘 해도 왠지 진지함이 없어보일지도 몰라요. 반면에 얼굴 표정이 부드럽고 늘 바른 행동을 하고 조용하지만 고운 말을 쓰는 친구라면 믿음이 더 가겠지요.

다산 선생님은 바로 그런 자세가 공부하는 데 있어 중요하다고 말씀하신 거랍니다.

물을 마시려는데 컵을 자꾸 흔들면 어떻게 되겠어요? 물을 제대로 받을 수 없고 밖으로 넘치겠지요. 그래서 원하는 것을 담으려면 무엇보다 바른 자세가 중요하답니다.

소중한 이야기

세종대왕은 겨울 어느 날 밤늦도록 집현전(궁중에 설치한 학문 연구기관)에 불이 밝혀져 있는 것을 보게 되었습니다. 내관을 시켜 알아보니 신숙주가 그곳에서 책을 읽고 있었던 것이에요. 신숙주는 훈민정음 창제를 위해 자료 수집을 했으며 영의정을 지내는 등 일등공신이었죠. 세종대왕은 신숙주가 언제까지 책을 읽는지 지켜보라 하고는 잠을 자지 않고 기다렸어요. 어느새 날이 밝자 내관이 돌아와서 신숙주가 이제 막 책을 다 읽고는 엎드려 잔다고 보고를 했어요. 그러자 세종대왕은 입고 있던 수달가죽으로 된 두루마기를 내관에게 주었어요. 아침에 눈을 뜬 신숙주는 임금의 옷이 자기 몸에 덮여져 있는 것을 발견하고는 눈물을 흘렸다고 합니다.

정신력으로
앞을 향해 나아가라

둘째 학유 보거라.

네가 열 살 전에는 몸이 약해 자주 병을 앓고는 했었다. 그런데 최근에는 뼈마디가 튼튼해지고 씩씩하며 담력(두려움이 없고 용기 있는 기운)도 생겼다니 다행이구나.
더군다나 음식도 가리지 않고 어려움도 참아낼 줄 안다니 무엇보다 반가운 일이다.

남자가 책을 읽고 몸과 마음을 닦으며 집안을 다스리는 모든 일에 있어 꼭 필요한 것이 정신력이란다. 이것이 있어야 부지런하고 민첩해질 수 있으며 지혜로워져 큰일을 해낼 수 있기 때문이다.

농가월령가 정약용의 둘째아들 정학유가 지음. 농가월령가 가운데 「8월령」은 8월(음력)의 계절과 무르익은 온갖 곡식의 수확 그리고 추석의 풍경을 노래하고 있다. 국립민속박물관 소장

    마음을 강하게 다지고 변함없는 정신으로 앞으로 나아간다면 태산이라도 옮길 수 있음을 명심하여라.

생각하는 사이, 커가는 마음

"내가 과연 해낼 수 있을까?"

어떤 일에 앞서 두려움 때문에 이처럼 망설이거나 포기하는 경우가 많지요? 그래서 다산 선생님은 정신력을 키우라는 말씀을 하셨네요. 정신력이 강해야 둔해지지 않고 지혜로워져 어떤 일이든지 해낼 수 있기 때문입니다.

그런데 몸이 튼튼해야 담력도 세지고 정신력도 강해지는 법이에요. 편식을 하지 말고 골고루 먹고 운동도 열심히 해야겠지요. 그러다보면 짜증나는 일도 힘든 일도 이겨낼 수 있고 더위나 추위쯤은 얼마든지 참아낼 수 있는 사람이 될 거에요.

'정신일도 하사불성(精神一到何事不成)'이라는 말이 있어요. 정신을 한 곳으로 집중해 노력하면 어떤 어려운 일이라도 이뤄낼 수 있다는 뜻이랍니다.

여러분도 두려움을 버리고 용기 있게 도전하는 강한 정신력을 지닌 사람이 되었으면 해요.

선생님의 둘째아들인 정학유를 보세요. 담력과 정신력으로 어려운 환경을 잘 극복하고 공부도 더 열심히 하게 되었지요. 그래서 나중에는 선생님이 쓰시던 책인 『주역심전』을 정리하여 완성시키는 일에도 한몫을 했어요. 무엇보다 훌륭한 업적은 순조 16년(1816)에 『농가월령가』를 지은 일이랍니다. 농촌에서 매

달 해야 할 일과 풍속 등을 한글로 노래한 소중한 자료입니다.

　두 아들인 정학연과 정학유는 모두가 선생님의 가르침을 잘 따라주었고 훌륭한 인물로 성장할 수 있었어요.

 소중한 이야기

조선시대 중기의 학자 조식은 18세 때 물이 담긴 그릇을 두 손으로 받쳐 들고 밤새 벌 서듯 서 있기를 좋아했답니다. 담력과 지구력 그리고 인내심을 기르기 위해서였죠. 그 후 25세 때는 직접 그린 공자와 주자의 초상화를 벽에 붙여놓고는 아침마다 절을 하기도 했어요. 이는 의식이 항상 깨어있도록 한 것으로 굳은 의지를 갖고 닦기 위해서였답니다.

농가월령가 농가월령가(農家月令歌)는 1년인 12달 동안 농가, 즉 농사를 짓는 집에서 할 일을 교훈을 섞어 노래한 것입니다. 여기서 '월령'은 그달 그달 할 일을 적은 표라고 해석하면 좋겠네요.

이번 장에서 다산 선생님께서 말씀하신 것은 살아가는 방법에 대한 올바른 자세랍니다.

어떤 친구는 어려운 일이 생기면 피하거나 자신이 없다며 포기하고 말아요.

그런데 다른 친구는 항상 용기를 갖고 자신감 있게 맞서 싸우며 이겨내려고 해요.

누가 더 올바른 자세로 살아가고 있을까요?

그래요, 바로 용기와 자신감으로 무장한 친구겠지요.

용기와 자신감은 어떤 어려움도 이겨낼 수 있는 가장 강한 무기이기 때문이에요.

물론 나쁜 유혹도 물리칠 수 있게 해주는 힘이기도 하지요.

그럼 용기와 자신감을 갖기 위해서는 어떤 노력이 필요한지 하나씩 배워볼까요?

제2장

성실함 속에서 자신있게 사는 방법

원망을 버리고
희망을 가져라

연아, 유야 보거라.

　사람들이 말하기를 재산이 많고 지위가 높은 집안의 자식들은 불행이 닥쳐도 아무런 걱정이 없을 것이라고들 한다. 반면 몰락한 가문의 자식들은 평화로운 세상인데도 늘 걱정에 싸여 산다고도 한다.
　이는 그들이 그늘진 골짜기에 살다 보니 햇빛을 보지 못해 생겨난 어두운 생각이다. 함께 지내는 사람들 역시 모두 망하고 벼슬을 하지 못한 처지들이라 그런 원망의 소리들만 만들어지는 것이다.

　진심으로 너희들에게 바란다.
　언제나 마음을 평온하게 가져 중요한 자리에 있는 사람들처럼 말하고 행동해라. 그래서 아들이나 손자의 세대에 가서는 벼슬을 할 수 있다는 희망을 가져라. 또한 지금보다 더 잘 살 수 있다는 확신을 위해 노력해야 한다.

하늘의 이치는 돌고 도는 것이라 한 번 쓰러졌다 해서 결코 일어나지 못하는 것은 아니다. 만약 분노와 고통을 참지 못하고 시골 골짜기로 도망치듯 가버린다면 어리석고 천한 백성이 되고 말 뿐이다.

다산 선생님의 말씀

옛날부터 불행을 당한 집안의 자손들은 놀란 새나 짐승들처럼 높이 날고 멀리 도망치듯 깊은 곳으로 숨으려고 했다. 그러나 결국에는 겁 많은 토끼나 노루처럼 살게 될 뿐이다.

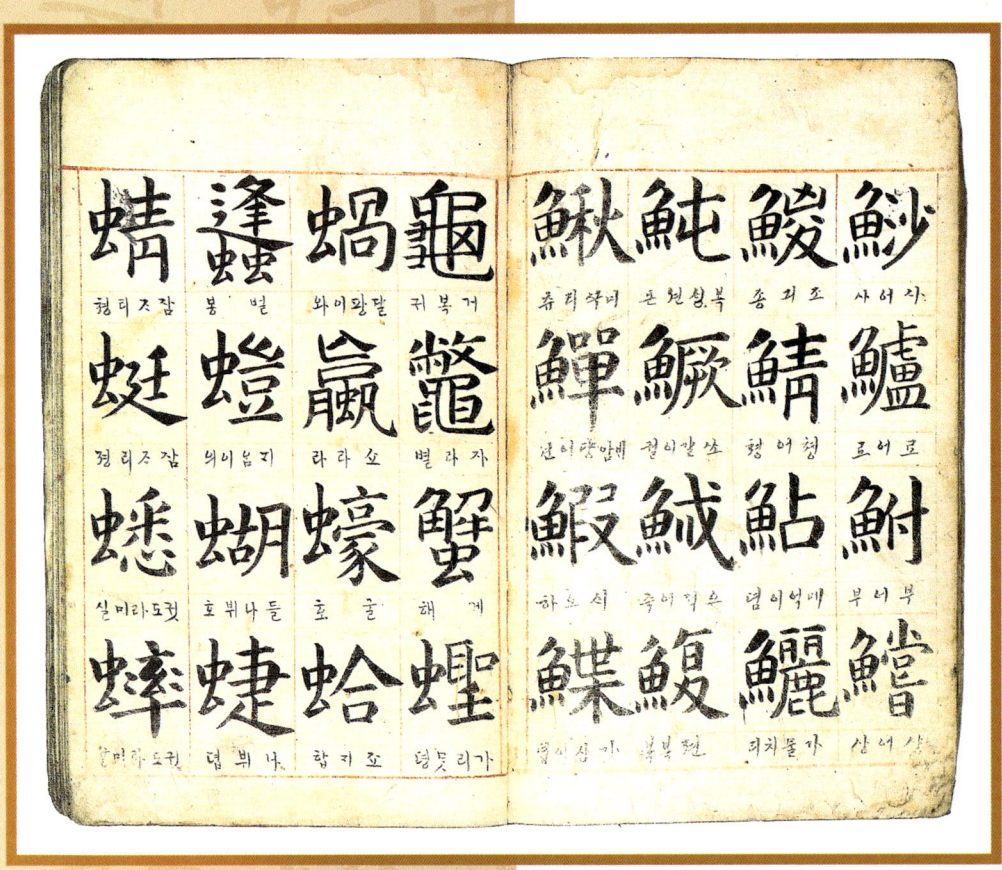

아학편훈의 정약용이 1804년 봄에 완성한 아학편훈의(兒學編訓義)를 적은 필사본이다. 강진군 소장

생각하는 사이, 커가는 마음

　다산 선생님은 40세 무렵인 순조 1년(1801)에 유배 생활을 시작해 18년간이나 외롭고 고달픈 시간을 보냈답니다. 무엇보다 선생님은 고생하는 식구들과 두 아들에 대한 걱정으로 더욱 힘드셨을 거예요.

　그 무렵 큰아들 정학연은 18세이고 둘째아들 정학유는 15세에 지나지 않았거든요. 그래서 비록 몰락한 가문이지만 절망하지 말고 마음을 가다듬고 희망으로 미래를 꿈꾸길 바라셨어요.

　두 아들에게 그런 희망을 버리지 말라고 충고하신 이유가 무엇일까요?

　희망이란 우리가 살아가는 데 없어서는 안 될 중요한 힘이기 때문입니다. 그래서 희망을 버리고 도망을 친다면 어리석은 사람이 될 뿐이라고 하신 것이죠. 여기서 희망이란 자신을 일으켜 세우고 의미를 갖게 하는 소중한 버팀목이랍니다.

　여러분은 어떤 희망을 품고 있나요?

　희망이 없으면 내가 없다는 것과 같을 거예요. 그래서 희망을 갖고 노력한다는 말은 '나'라는 존재를 찾고 소중히 여기며 열심히 살아간다는 뜻과 같답니다.

무엇을 배우느냐에 따라
인상이 달라진다

첫째 학연, 둘째 학유 보거라.

사람의 인상(얼굴 모습)은 배움과 버릇으로 변하고 만들어진단다.

아기가 바닥에 배를 대고 엉금엉금 길 때의 모습은 한없이 어여쁘기만 하다. 하지만 그 아기가 커가면서 사는 방법과 배우는 것이 달라지면 어떻게 되겠느냐?

어느 장소에서 성장하느냐에 따라 성품은 물론 인상도 변하게 된다는 점을 새겨들어라.

서당 안에 앉아있는 아이의 인상은 비교적 평온할 것이고, 시장 속을 서성이는 아이는 그 인상이 어두우며, 목동이 된 아이는 늘 산만하고, 뱃

사공이나 마부가 된 아이의 인상은 드세게 보일 것이다.

무엇을 배우든 그 시간이 오래 되면 성품도 그것을 따라가기 마련이다. 또한 마음속으로 생각하는 것이 겉으로 나타나 인상마저 변하게 될 것이다. 그런데 사람들은 반대로 "원래 인상이 이렇게 생겼기 때문에 배우는 것도 그것밖에 안 된다"고 말을 한다. 그러나 이는 틀린 말임을 명심하여라.

학문을 익힌 사람은 세상의 이치를 훤히 아는 실력이 생기고, 이익을 알게 된 사람은 재물을 모으는 재주를 터득하게 되고, 힘을 기른 사람은 고된 일에 몸을 바치게 되고, 나쁜 것을 배운 사람은 절망 속에 빠져들게 되는 법이다.

결국 배우는 것과 그 버릇이 함께 발전되면서 성품은 물론 인상까지 변하게 되는 것이다.

생각하는 사이, 커가는 마음

'사람의 얼굴은 그 사람이 지니고 있는 덕의 일부다'라는 말이 있어요. 다산 선생님도 무엇을 배우느냐에 따라 그 사람의 인상까지 변한다고 하셨네요.

배움에 따라 성품이 달라지고 마음속에 품은 것이 겉으로 드러나 인상마저 달라진다는 것이죠. 인상이 원래 그래서 그런 행동을 하는 게 아니라 배움과 버릇 때문에 달라진다는 뜻입니다.

음악시간에 배운 아름다운 노래가 하루 종일 입속에서 맴돌아 자신도 모르게 웅얼거린 적이 있죠. 혹은 책에서 읽었거나 선생님께 들은 위인에 대한 감동적인 이야기가 머릿속에 가득해 그 생각만 하게 될 때도 있어요. 이럴 때 공통점은 모두 마음이 편하고 머리가 맑아지면서 표정도 환해진다는 겁니다.

반면에 친구들과 어쩌다 나쁜 장난을 하거나 나쁜 생각에 빠져있을 때는 어때요? 그 순간에는 호기심 때문에 잘 못 느끼지만 표정은 늘 어둡고 불안해 있다는 것도 알아야 해요. 부모님과 선생님이 하지 말라고 한 일을 몰래 할 때면 더더욱 표정이 좋지 않게 되겠지요.

우리는 무엇을 배우고 또 어떤 환경에 있느냐에 따라 성품은 물론 인상까지 달라지는 거랍니다. 문제는 그것이 오래 지속되면 더욱 굳어져 원래대로 회복

할 수 없게 된다는 점이겠지요.

　남귤북지(南橘北枳)라 해서 예로부터 남쪽 땅의 귤나무를 북쪽에 옮겨 심으면 탱자가 된다고 했어요. 사람도 마찬가지로 환경에 따라 착하게 되기도 하고 악하게 되기도 한다는 것을 의미한답니다.

　맹자의 어머니가 아들의 교육을 위해 세 번이나 이사를 다녔다는 '맹모삼천지교'를 알고 있죠? 사람이 사는 데 그만큼 환경과 무엇을 배울지가 중요하다는 뜻이랍니다.

소중한 이야기

소년 맹자와 어머니가 처음 살았던 곳은 공동묘지 근처였어요. 그런데 함께 놀아줄 친구가 없던 맹자는 매일 보던 것이 생각나 장례를 지내는 것을 놀이 삼게 되었지요. 그 모습에 깜짝 놀란 어머니는 당장 이사를 했는데 이번에는 시장 근처였답니다. 그러자 맹자는 물건을 사고파는 장사꾼들의 흉내를 내면서 노는 것이었습니다. 맹자의 어머니는 또 다시 후회를 하며 이번에는 서당 근처로 이사를 했어요. 그러자 맹자가 글공부를 하며 절하는 법 등 예법에 관한 놀이를 하기 시작했어요. 그래서 비로소 맹자의 어머니는 안심을 할 수 있었다고 합니다.

침착하게 멀리 보는 자세를 가져라

내 말을 잘 들어라.

세상에는 항상 승리하는 군사는 없지만 장수는 있는 법이다. 그래서 장수를 선발할 때는 신중을 기해야 하는 것이다.

장수는 인품이 곧고 침착해야 하며 마음이 넓고 강직해야 한다. 또한 깊이 생각하고 멀리 내다볼 줄 알아야 적을 파악할 수 있다. 그렇게 적을 자세히 살피고 안 뒤라야 오랜 기간 싸움을 해도 모두 승리할 수 있는 것이다.

발아래 날아든 화살에 발끈 화를 내어 달려가는 사람과는 구별해야 한다. 용맹을 떨쳐 한순간 싸움에서 이길 수는 있지만 성급함은 곧 큰

산수화 정약용이 그린 산수화

화를 불러오기 마련이다. 승리감에 취해 미처 말머리를 돌리기도 전 공격받아 쓰러질 수도 있기 때문이다.

너희들은 어떤 장수가 나라를 구할 수 있는지 신중히 생각해 보거라. 그리고 그런 마음가짐으로 공부를 하고 생활하기를 바란다.

다산 선생님의 말씀

노자가 말하기를 '남을 아는 사람은 현명한 자고 자기 자신을 아는 사람은 덕이 있는 자'라고 했다. 또한 '남을 이기는 사람은 힘이 센 자이며 자기 자신을 이기는 사람은 강하고 굳센 자'라고 했느니라. 자신을 잘 알고 그런 자신을 이길 수 있는 사람이 되어라.

생각하는 사이, 커가는 마음

'지피지기(知彼知己)면 백전불태(百戰不殆)'라는 말이 있어요. 중국의 전국시대 제나라 병법가인 손자의 『손자병법』에 나오는 말로 '상대를 알고 나를 알면 백 번을 싸워도 위태로움이 없다'는 뜻이랍니다.

그러나 상대를 모르고 나만 알 때는 승패의 비율이 반반이고, 상대를 알지 못하고 나마저 알지 못하면 싸울 때마다 진다고도 했어요.

승리를 하기 위해서는 신중함과 철저한 준비가 필요하다는 것입니다. 오직 싸움에서 이기기 위해 앞뒤 가리지 않고 뛰어들면 승리는 멀어지겠지요. 그 전에 침착함을 잃지 말고 상대를 살피고 자신의 실력을 점검하는 신중함과 준비성이 필요해요.

다산 선생님은 당장 화가 나서 달려가 싸운다면 이길 수도 있겠지만 뜻하지 않은 공격에 결국 당한다고 하셨어요. 오직 이기겠다는 생각만 가득해서 상대가 어떤 함정을 파놓았는지 또 자신이 어떤 준비를 소홀히 했는지 모르기 때문입니다.

여러분은 어려운 일을 할 때, 혹은 새로운 것에 도전을 할 때 어떤 마음가짐을 가지나요? 성급하게 뛰어들기 보다는 침착하게 준비를 하는 것이 우선입니다. 어떤 일인지 철저히 알아보고 어떤 자세로 해결해야 하는지 신중히 살펴야 해요. 또

한 이루고 나서 그 다음은 어떻게 해야 하는지 까지 헤아리는 자세가 중요합니다.

물론 한번 결정해서 시작한 일이라면 끈기를 갖고 최선을 다하는 노력도 필요하겠지요.

소중한 이야기

> 옛날 한 고을에 수령이 새로 왔는데 너무 평화로워 할일 없이 한가로이 보내게 되었어요. 어느 날부터 수령은 아침에 일어나 뒤뜰에 있던 기왓장을 담 밖으로 옮기기 시작했어요. 저녁때는 그것을 다시 뒤뜰로 가져다놓기를 반복했지요. 사람들이 힘들게 왜 그런 일을 직접 하냐고 묻자 수령이 이렇게 대답했답니다.
> "나는 나라를 위해 중요한 일을 해야 할 사람인데 할 일이 없다고 평안하게 지내면 어쩌겠는가? 그래서 막상 일할 때가 닥쳤을 때 힘을 쓰지 못할까봐 평소 몸과 마음을 단련시키고 있는 게지."

손자병법 『손자병법(孫子兵法)』은 손자가 지은 중국 고대의 병법서로 우리나라에서도 오래 전부터 많은 무신들이 지침으로 삼았던 교재이기도 합니다. 전쟁을 벌여 승리하는 것보다 전쟁하지 않고 이기는 것을 최선으로 여겼지요.

가정의 화목을 위해 힘써라

학연, 학유 보거라.

집이 부자일 때는 마음이 평온해져 식구끼리의 사소한 마찰도 문제가 되지 않는다. 오히려 원망할 일이 생겨도 넉넉한 마음으로 이해하기 때문에 화목해질 수 있다.
하지만 가난하면 곡식 몇 되, 옷감 몇 필을 놓고도 다툼이 일어나게 된다. 서로를 모욕하고 무시하여 끝내는 원수지간이 되어버리기도 한다.

이럴 때 필요한 것이 무엇이더냐?
바로 도량이 넓은 남자와 지혜로운 아녀자이다. 이들이 있으면 화를 내고 다투고 소란을 피워 집안을 엉망으로 만드는 일은 없을 것이다.

정약용이 윤종문, 종직, 종민에게 주는 말. 강진군 소장

    너희들은 이런 뜻을 잘 살펴 날마다 『소학』에서 가르치는 착한 행동을 본받아야 한다. 또한 그것을 열심히 잘 실천해서 한시라도 잊지 말아야 한다.
    끈기 있게 그런 행동을 하게 되면 기뻐하는 마음이 저절로 우러나 화목하게 될 것이다.

다산 선생님의 말씀

사람이 집안에서 가장 심혈을 기울여야 하는 것은 그 안에 화목한 분위기가 감돌도록 하는 일이다.

생각하는 사이, 커가는 마음

　중국 송나라 때 학자 주자는 '글을 읽는 것은 집을 일으키는 근본이고, 이치를 따르는 것은 집을 지키는 근본이고, 화합하고 순응하는 것은 집을 바로잡는 근본이다'고 했어요.
　아무리 남들이 부러워하는 크고 고급스러운 집에 살고 있어도 식구들끼리 다툼만 반복하면 어떻게 되겠어요?
　다산 선생님은 집안의 화목을 위해 도량, 즉 너그러운 마음으로 생각이 풍부한 남자와 지혜로운 여자가 필요하다고 하셨네요.
　여러분은 집안에서 어떤 사람인가요? 사랑하는 식구들과 잘 지내고 있는지 한번 생각해보는 시간이 되었으면 해요.
　가화만사성(家和萬事成)이란 말을 들어본 적이 있죠? 집안이 화목하면 모든 일이 다 잘 된다는 뜻이랍니다. 모든 일은 가정에서부터 비롯된다는 말이기도 하지요. 사회생활의 출발점인 가정이 화목하지 않으면 더 큰 일은 할 수가 없겠지요.
　그런데 화목한 가정을 위해서는 어떤 환경이든지 스스로가 꾸며가고 만들어가겠다는 마음가짐이 중요해요. 남들보다 부족하다고 해서 짜증을 내서는 안 됩니다. 마음에 들지 않는다고 화를 내면 더욱 살고 싶지 않은 집이 될 수도 있

겠지요.

  다산 선생님도 끈기 있게 착한 행동을 실천하다보면 기뻐하는 마음이 생겨나 화목하게 될 것이라고 말씀하셨네요. 내가 먼저 부모님께 웃음을 드리고, 내가 먼저 형제간의 사랑을 실천하면 달라지겠지요.

  그래서 선생님이 바라시는 마음과 생각이 깊은 지혜로운 사람이 되기로 해요.

소중한 이야기

> 『명심보감』에 보면 '집이 비록 가난해도 큰일 없이 오순도순 화목하게 사는 것이, 부자이면서 큰일을 겪으며 사는 것보다 낫다'는 말이 있습니다. 또한 지푸라기로 지은 집에서 화목하게 사는 것이 금으로 칠한 집에서 걱정하며 사는 것보다 낫다고도 합니다. 비록 보잘것없는 반찬을 먹고 살지만 아프지 않고 늘 식구끼리 웃으며 사는 것이 최고라고 합니다.

용기를 갖고 열심히 노력해라

학연, 학유는 잘 들어라.

공부를 하든 일을 하든 또한 천하를 다스리든 이때 반드시 필요한 것이 용기이다.

공자의 제자 안연이 말했다.
"어질다고 하는 순 임금은 어떤 사람이냐? 나도 순 임금처럼 될 수 있다."
무슨 일을 하려거든 이처럼 먼저 용기가 있어야 한다.

나라를 다스리고 세상을 구하는 학문을 하고 싶을 때에는 임금처럼 용기를 품고 실천하면 그렇게 될 수도 있다. 문장가가 되고 싶다면 유향이나 한유처럼 열심히 글을 쓰면 그렇게 될 수 있다. 글씨를 잘 써서 이름을 날리고 싶으면 왕희지나 왕헌지를 본받아 실천하면 될 것이다. 부자가 되고 싶으면 도주나 의돈의 용기를 갖고 열심히 노력하면 될 것이다.

자신이 이루고 싶은 일이 있다면 목표로 삼을 사람을 정해놓으면 된다. 그런 다음 그 사람과 같은 수준에 오르도록 노력하면 다다를 수 있는 것이다.

이것은 모두 용기라는 덕목에서 나오는 것이다.

정석 정약용이 유배생활을 마치고 고향으로 돌아가기 전 다산초당 뒤 바위 절벽에 직접 쓰고 새긴 글

생각하는 사이, 커가는 마음

　용기만 있으면 어떤 일이든 이룰 수 있다는 응원의 편지군요.
　자신이 닮고 싶고 또 그렇게 되고 싶은 사람을 정해놓고 용기를 지닌 채 노력하면 가능하다는 말씀이랍니다.
　다산 선생님께서 언급하신 안연의 말 속 '순(舜) 임금'은 뛰어나다고 알려진 중국 신화에 등장하는 임금의 이름이에요. 많은 사람들이 존경하는 대상이지만 '나도 그처럼 될 수 있다'는 용기로 노력하면 얼마든지 이루어진다는 뜻으로 인용하신 것 같네요.
　요즘으로 표현하자면 역할 모델(Role model, 롤모델)이 되겠지요. 여러분은 누구를 모델로 삼아 꿈을 키우고 있는지요?
　중요한 것은 단순히 그 사람이 멋지게 보이고 인기가 많다고 정해서는 안 된다는 점입니다. 자신이 정말 되고 싶은 것이 무엇이며 그 꿈이 확고한지를 먼저 따져봐야겠지요.
　그런 다음 필요한 것이 선생님이 거듭 말씀하신 것처럼 용기를 갖고 열심히 노력하는 일이랍니다.
　이것이 바로 부모님이 여러분에게 가장 바라고 있는 모습이기도 하답니다.

자기중심을 세우고 살아라

학연, 학유 보아라.

배가 불러 느긋하다가도 다시 허기가 진다고 참지 못한다면 천한 짐승과 무슨 차이가 있겠느냐?

생각이 짧고 속이 좁은 사람은 오늘 당장 마음처럼 일이 되지 않으면 실망을 하고 만다. 그러나 눈물까지 흘리며 괴로워하다가도 다음날 일이 풀리면 금세 좋아서 싱글벙글거린다.

걱정하고 안심하며, 슬퍼하고 기뻐하며, 사랑하고 미워하는 모든 감정은 아침과 저녁으로 시시때때 변하는 것이다. 식견이 높고 세상을 꿰뚫어볼 줄 아는 사람의 입장에서 본다면 참으로 우스울 것이다.

"속된 눈으로 사물을 보면 너무 낮고 하늘과 통하는 눈으로 보면 너무 높기만 하다"고 한 소동파는 일찍 죽는 것과 오래 사는 것을 같게 보았던 사람이다. 그처럼 죽음과 삶을 하나로 여기는 태도는 고귀한 것이다.

아침에 햇살을 빨리 받는 곳은 저녁때 그늘이 빨리 지고, 일찍 피는 꽃은 그만큼 빨리 시드는 법이다.

너희들은 크고 작은 일에 쉽게 휘둘리지 말고 중심을 지키며 살아야 한다.

소동파 소동파(蘇東坡, 1037~1101)는 중국 북송 때의 최고 시인이랍니다. 당나라 때의 시인들이 지은 시가 서정적인 데 비해 그는 철학적 요소가 짙은 새로운 시의 세계를 열었지요. 대표작인 『적벽부(赤壁賦)』는 불후의 명작으로 널리 알려지기도 했어요.

 ## 생각하는 사이, 커가는 마음

　세상에 어떤 일들이 벌어져도 자기중심을 갖고 바라보면 된다는 말씀입니다.

　수학문제가 생각처럼 해결되지 않아 끙끙거릴 때가 있죠. 그럴 때면 속이 상해서 덮어버리고 싶은 마음도 들어요. 그런데 저녁때나 다음 날 다시 풀면 신기하게도 쉽게 해결되기도 해요. 결국 당장 눈앞의 어려움 때문에 마음을 끓이고 속 좁게 굴면 자신만 힘들게 된답니다.

　다산 선생님은 세상에는 어려움이 있으면 쉬운 일도 있고 슬픔이 있으면 기쁨도 있고 불행이 있으면 행복도 있다고 말씀하셨어요. 이런 모든 현상을 보다 높은 생각으로 바라보면 아무것도 아닌데 우리는 너무 조급하게 살아가고 있다는 것이죠.

　이럴 때 필요한 것이 바로 자신을 잃지 않는 중심이랍니다. '난 반드시 할 수 있어!', '다시 해보자!', '난 나를 믿으니까!' 등 곧은 생각으로 지탱한 채 바라보면 쉽게 흔들리지 않겠지요.

　사슴 가죽은 워낙 부드럽고 연해서 그 위에 '왈(曰)'자를 써놓고 아래위로 당기면 늘어나서 '일(日)'자가 되고 옆으로 당기면 다시 '왈(曰)'자가 된다는 속담이 있어요. 하나의 중심된 생각도 없이 이랬다저랬다 하는 것을 비유하는 말이

랍니다.

여러분은 강한 몸과 마음으로 자기중심을 확실히 세운 채 흔들리지 않는 사람이 되었으면 해요.

김시민 장군은 어릴 때부터 총명하고 몸도 튼튼해서 특히 병정놀이를 즐겼다고 합니다. 그럴 때마다 대장이 되어 아이들을 지휘하는 등 단연 돋보이는 존재였지요. 성품이 곧아 한번 시작한 병정놀이는 끝까지 책임을 지고 이끌기도 했어요. 한번은 한창 병정놀이를 하고 있는데 천안 군수의 행차가 다가와 수행원이 길을 비키라고 소리를 친 적이 있었어요. 하지만 소년 김시민은 오히려 목검을 쳐든 채 호통까지 치면서 버티고 섰지요.

"누가 감히 마음대로 전쟁터를 통과할 수 있느냐?"

그 모습을 유심히 지켜보던 군수가 직접 가마에서 내려와 김시민의 머리를 쓰다듬어 주었어요. 그리곤 장차 큰 재목이 되겠다며 칭찬을 하더니 옆으로 돌아서 갔다고 합니다.

양심에 어긋나는 일은 하지 마라

너희들은 명심하여 잘 새겨들어라.

사대부의 마음가짐은 당연히 맑고 깨끗해서 털끝만큼도 허물이 없어야 한다.

하늘이나 사람에게 부끄러운 짓을 저지르지 않는다면 자연히 마음이 편안해지고 넓어진다. 또한 몸까지 건강해져서 호연지기가 저절로 생기는 법이다.

만약 동전 몇 닢이나 옷감 몇 필 정도의 사소한 것에 눈이 멀어 잠깐이라도 양심을 저버린다면 어찌되겠느냐? 그 순간 호연지기는 없어진다는 사실을 명심해야 한다.

이것은 참다운 인간이냐 아니냐 하는 중요한 구분이 된다.

너희들은 각별히 주의하여 양심에 어긋나는 일은 절대 하지 말도록 해라.

한번 양심에 어긋나는 일을 저지르면 쉽게 돌이킬 수 없다는 점을 항상 가슴에 새겨야 할 것이다.

사대부 사대부(士大夫)란 고려시대와 조선시대 때의 상류계층을 말한답니다. 특히 조선시대에는 주로 벼슬을 했거나 하고 있는 사람들을 칭하는 말이었어요. 물론 사대부들은 유교의 가르침을 생활의 기본으로 삼았어요.

 생각하는 사이, 커가는 마음

　부끄러운 짓을 하지 않고 살면 몸과 마음이 건강해져 저절로 호연지기(浩然之氣)가 나온다는 말씀이 인상 깊네요.
　맹자의 가르침 가운데 하나가 바로 '하늘과 땅 사이에 가득 찬 넓고 큰 기운'인 호연지기랍니다. 거칠 것 없는 씩씩한 기상과 꿋꿋한 절개이기도 하지요.
　다산 선생님은 이것을 방해하는 것이 바로 양심에 어긋나는 생각이나 행동이라고 하셨어요. 여기서 선생님은 호연지기를 '부끄러움이 없는 도덕적 용기'라고도 해석을 하셨어요.
　그래서 아무리 사소한 것이라도 양심을 버리게 되면 호연지기는 사라진다고 충고를 하셨네요.
　견물생심(見物生心, 물건을 보면 갖고 싶은 욕심이 생김)이라고 해서 순간적으로 마음이 흔들리고 더 나쁜 행동을 하게 되기도 하지요. 하지만 도덕적이지 못한 행동을 하게 되면 자신을 잃게 되는 것이랍니다.
　왜냐하면 선생님의 말씀처럼 사람답게 사느냐 그렇지 못하느냐 라는 중요한 순간이기 때문이죠.

소중한 이야기

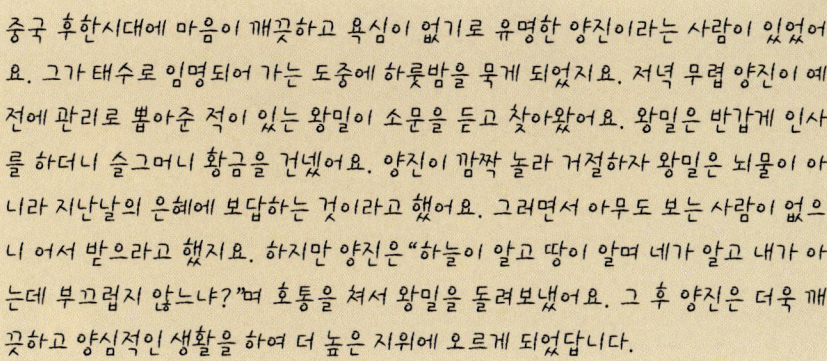

중국 후한시대에 마음이 깨끗하고 욕심이 없기로 유명한 양진이라는 사람이 있었어요. 그가 태수로 임명되어 가는 도중에 하룻밤을 묵게 되었지요. 저녁 무렵 양진이 예전에 관리로 뽑아준 적이 있는 왕밀이 소문을 듣고 찾아왔어요. 왕밀은 반갑게 인사를 하더니 슬그머니 황금을 건넸어요. 양진이 깜짝 놀라 거절하자 왕밀은 뇌물이 아니라 지난날의 은혜에 보답하는 것이라고 했어요. 그러면서 아무도 보는 사람이 없으니 어서 받으라고 했지요. 하지만 양진은 "하늘이 알고 땅이 알며 네가 알고 내가 아는데 부끄럽지 않느냐?"며 호통을 쳐서 왕밀을 돌려보냈어요. 그 후 양진은 더욱 깨끗하고 양심적인 생활을 하여 더 높은 지위에 오르게 되었답니다.

옳은 것을 지키며 살아야 한다

학연이 보거라.

네가 보내 준 편지 잘 받아보았다.
세상에는 두 가지 큰 기준이 있는데 알고 있느냐? 옳고 그름의 기준이 그 하나요, 다른 하나는 이롭고 해로움에 관한 기준이다.

이 두 가지 기준에서 크게 네 등급이 생겨난다.
옳은 것을 지키면서 이익을 얻는 것이 가장 높은 등급이고,
두 번째 등급은 옳은 것을 지키면서 해를 입는 경우이며,
세 번째 등급은 나쁜 것을 좇아서 이익을 얻는 경우요,
네 번째 등급은 나쁜 것을 좇아서 해를 보는 경우이다.

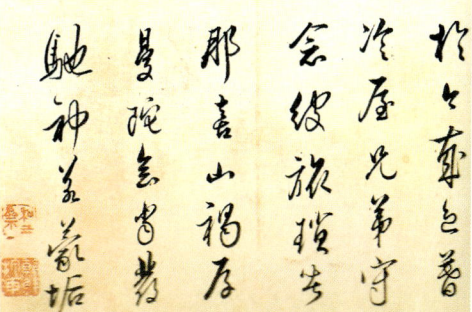

정학연의 글씨 친구 송치원에게 보내는 시. 강진군 소장

그런데 너는 나를 모함해 유배생활을 하게 만든 자들에게 부탁을 하라고 했는데 이는 세 번째 등급에 해당되는 것이다. 그 결과 마침내는 네 번째 등급으로 떨어질 텐데 무엇 때문에 내가 그런 짓을 해야겠느냐?

내가 살아서 고향땅에 갈지 못 갈지는 다 운명일 뿐이다. 사람이 해야 할 일을 다 하지 않고 하늘의 뜻만을 기다리는 것이 합리적이지 못 하다고 할 수도 있다. 하지만 사람이 해야 할 일을 이미 다 했으니 끝내 돌아가지 못한다 해도 운명일 뿐이라는 뜻이다.

다산 선생님의 말씀

착하고 올바른 행동을 하는 것이야말로 복을 받을 수 있는 길이므로 군자는 그것에 힘써 살아갈 뿐이다.

마음을 크게 품은 채 세월을 기다리는 것이 마땅한 일이니 다시는 그런 걱정은 하지 말거라.

# 생각하는 사이, 커가는 마음

　큰아들 정학연이 유배 생활로 고생하는 다산 선생님을 생각해 다른 사람들에게 사정을 부탁하라고 한 것 같아요.

　실제로 정학연은 선생님의 유배 생활이 오래 지속되자 안타까운 마음에 석방을 위해 온갖 노력을 기울였답니다. 그 결과 순조 10년(1810) 9월 선생님이 풀려날 수 있게 되었어요. 하지만 선생님이 돌아오는 것을 두려워한 반대파들이 계속 반대하는 글을 순조 임금에게 올렸지요. 그렇게 방해를 하는 바람에 8년이라는 세월이 더 흐르게 된 것입니다.

　하지만 선생님의 신념은 확고하지요. 그 곧은 신념을 받쳐주고 있는 것이 무엇일까요? 바로 옳은 것을 지키면서 이익을 생각하겠다는 자세랍니다. 이때의 이익은 반드시 물질적으로 풍요로운 것이 아니라 바로 자신을 지탱해주는 정신의 성장이겠지요. 그래서 큰아들이 염려했던 부분마저 선생님은 거절을 하고 오히려 꾸짖었던 것이죠.

　자신을 모함한 사람들에게 머리를 숙이는 것은 곧 '나쁜 것을 좇아서 이익을 얻는 경우'일 것이고, 그 결과 '나쁜 것을 좇아서 해를 보는 경우'가 되기 때문이에요.

　눈앞에 있는 이익 때문에 자신과의 약속이나 규율을 어긴 적이 있나 한번 생

각해 보세요.

  다산 선생님은 아마도 큰아들에게 '상탁하부정(上濁下不淨)'이란 교훈도 남기고 싶으셨던 것 같네요. 이는 '윗물이 흐리면 아랫물도 흐린다'는 뜻이랍니다. 그래서 선생님은 자신이 직접 옳은 행동을 보임으로써 아들에게도 강한 신념을 심어주려고 하신 것 같네요.

  이제 여러분은 어떤 마음가짐으로 살아야 하는지 판단이 서있겠죠?

부지런함과 검소함을
실천하며 살아라

나의 두 아들에게 당부한다.

나는 재물이나 논밭을 남겨 줄 수 있을 만한 벼슬은 하지 못했구나.
그러나 삶을 풍요롭게 하고 가난에서 벗어날 수 있는 신비로운 두 글자를 너희들에게 주려고 한다. 너희는 이를 부디 소홀히 여기지 말고 가슴 깊이 새기도록 해라.

한 글자는 '근(勤, 부지런함)'이요 또 한 글자는 '검(儉, 검소함)'이다. 이 두 글자는 기름진 땅보다도 나은 것이니 평생을 필요한 곳에 쓴다 해도 다 쓰지 못할 것이다.

그러면 '근'이란 무엇을 말하는 것이겠느냐?

오늘 할 수 있는 일을 내일로 미루지 말며, 아침에 할 수 있는 일을 저녁으로 미루지 말며, 갠 날에 해야 할 일을 비오는 날까지 미루지 말며, 비 오는 날에 해야 할 일을 날이 갤 때까지 미뤄서는 안 된다는 것이다.

어른은 근엄하게 보살피고 단속해야 하며, 아이는 이를 받들어 성실히 실천해야 한다. 젊은이는 힘든 일을 하고 아픈 사람을 돌보며, 아낙네는 늦을 때까지 집안일을 해도 일찍 일어나야 한다. 이렇게 집안의 어른과 아이, 남자와 여자가 모두 한 순간도 한가롭게 지내지 않는 것이 바로 '근'이다.

그렇다면 '검'이란 무엇이겠느냐?

가느다란 베로 만든 옷이 해지면 볼품이 없어진다. 하지만 굵은 베로 만든 옷은 비록 해진다 해도 봐줄만한 모습이 된다. 한 벌의 옷을 만들 때는 오래 입을 수 있는지를 꼼꼼하게 따져야하는 법이다. 그렇지 않고 생각 없이 가는 베로 옷을 만들어버리면 결국 금세 해지고 말 뿐이다. 만약 이런 이치를 깨닫게 되면 누구나 조금 힘이 들더라도 굵은 베를 선택할 것이다.

아무리 복 많은 사람이나 인품이 높은 선비라도 '근'과 '검'을 갖추지 않으면 집안을 다스릴 수가 없다. 또한 자신의 몸조차 돌볼 수 없게 되니 너희들은 이 두 글자를 꼭 명심하도록 해라.

다산 선생님의 말씀

중국 송나라 때 지어진 착한 행실을 기록한 책 『경행록』에 보면 '마음은 편안하더라도 몸은 힘들게 하라'는 말이 있다. 또한 '정신은 즐겁더라도 몸은 근심하게 하라'고도 했다. 몸이 힘들지 않으면 게으름에 빠져 무너지기 쉽고, 몸이 근심하지 않으면 함부로 행동하게 되어 고치기 어렵기 때문이다.

# 생각하는 사이, 커가는 마음

부지런하고 검소한 생활을 강조하신 조금은 긴 내용의 편지에요.

하지만 삶을 더욱 풍요롭게 하는 두 글자의 소중함을 담아내기에는 오히려 짧다는 생각도 해봅니다. 그만큼 '근'과 '검'이란 두 글자는 많은 것을 생각하게 해주는 것 같아요.

어느 날 공자는 제자인 재여가 낮잠을 자는 것을 보고는 이렇게 소리쳤답니다.

"썩은 나무에는 조각을 할 수 없고 더러운 흙으로 만든 담은 손질할 수 없다!"

누구보다 열심히 공부를 해야 할 제자가 나태해지자 공자는 무척이나 화가 났을 거예요.

부지런한 새가 멀리 난다는 말이 있지요. 아침 일찍 일어나 먼 곳에 있는 먹이도 먹을 수 있고 원하는 곳에 먼저 도착할 수도 있겠지요. 성현의 가르침 가운데도 장난치며 놀기만 하면 사는 데 도움이 안 되고, 오직 부지런해야만 좋은 열매를 거둔다는 말이 있습니다.

어쩌다 일찍 일어나게 되면 하루의 시작부터가 남다르다는 것을 경험한 적이 있지요? 다른 날과는 달리 아침밥도 든든히 먹고 집을 나서면 괜히 시간을 혼자서 쓰고 있는 것처럼 여겨지기도 하지요. 남들보다 부지런히 하루를 시작

했다는 것만으로도 뿌듯한 것이랍니다.

　오늘 할 일을 내일로 미루지 말고 자기가 맡은 일을 성실히 해나가는 것이 바로 부지런함입니다.

　다산 선생님이 그 다음으로 주고 싶어 하셨던 글자가 '검', 즉 검소한 생활이네요. 단순히 있는 것을 절약하고 아끼는 자세도 중요하지만, 처음부터 멀리 내다보며 검소함을 실천할 것을 당부하셨어요.

　부지런함과 검소함은 미래를 위한 준비입니다.

소중한 이야기

조선시대 제17대 효종 임금이 다섯째 딸 숙종공주의 남편인 사위 동평위와 밥을 먹을 때였습니다. 동평위가 물에 만 밥을 먹다가 남기자 효종 임금이 화를 내며 꾸짖었어요.
"처음부터 자신의 양을 생각해 알맞게 밥을 말아서 남기지 말아야 할 것이다. 남은 밥을 짐승에게 먹인다면 쓸모 있는 일이지만 곡식 소중한 줄 모르고 버리게 되면 어찌 되겠느냐?"
셋째 딸인 숙휘공주가 비단 치마를 만들어 달라고 졸라댔을 때도 효종 임금은 호되게 야단을 쳤답니다.
"내가 한 나라의 임금으로 검소함을 백성들에게 보이고 싶은데 너에게 먼저 비단옷을 입게 해서 되겠느냐?"

거짓말을 하지 말거라

연아, 유야 보거라.

우리 집안에도 더러 흠이 있는 사람이 있겠지만 거짓말로 인해 문제가 된 일은 없다.

그러나 지금까지 살아오면서 보니 지위가 높은 벼슬아치들 가운데는 거짓말을 하는 사람이 많았다. 그들이 한 말을 공평하게 따져보면 열 마디 중 일곱 마디가 거짓이었다.

너희들은 시골이 아닌 한성에서 자랐기 때문에 행여 어릴 때 잘못 물든 말씨들은 없나 걱정이다. 이제부터라도 거짓말을 하지 않도록 온 정성을 쏟

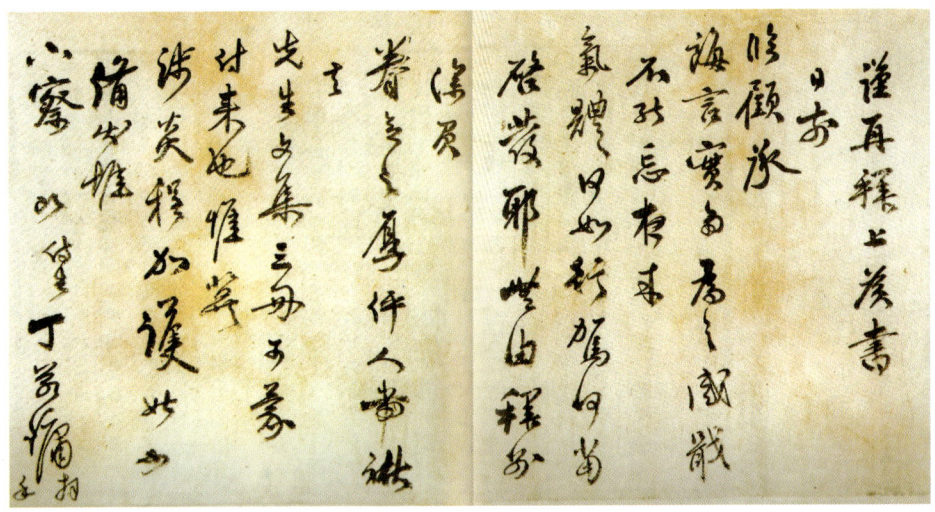

정약용의 편지 안부와 함께 문집3책을 빌려달라는 글. 강진군 소장

아라.

완벽한 항아리도 구멍이 하나 생기면 깨진 것이나 마찬가지가 돼버린다. 말 역시 같아서 한 마디만 거짓이 섞여도 믿음이 무너진다는 것을 알아야 한다. 실속 없이 과장된 말을 하는 사람은 누구도 믿어주지 않는 법이란다. 가난하고 신분이 낮은 사람은 더더욱 말조심을 해야 할 것이다.

편지를 쓸 때에도 주고받는 말 중에 한 마디라도 거짓이 담기지 않도록 조심해야 한다. 늘 반성하는 자세로 조상들의 모범을 본받으며 살아야 할 것이다. 조상들을 본받으면 천박한 말이나 불량배의 거친 말투를 닮지 않게 될 것이다.

이는 당연히 본받고 실천해야 할 일임을 잊지 말거라.

생각하는 사이, 커가는 마음

"사람이 사는 데 있어 가장 귀하고 소중한 것은 성실성으로 조금도 속임이 있어서는 안 된다. 하늘을 속이면 제일 나쁜 일이고, 임금이나 어버이를 속이는 것도 나쁜 일이며, 농부가 같은 농부를 속이고 상인이 동업자를 속이는 것도 모두 죄를 짓게 되는 일이다."

다산 선생님이 남기신 말씀 가운데 하나로 거짓은 곧 죄를 짓는 것이라고도 하셨어요.

중국 주나라의 유학자인 순자는 '사람이 가난하면 속이게 된다'라고 했어요. 하지만 어떤 상황이든지 속이거나 거짓말을 하면 더 큰 문제가 생기게 됩니다. 왜냐하면 한번 내뱉은 거짓말을 위해 그 몇 배의 또 다른 거짓말을 하게 되기 때문이죠. 오죽하면 한 가지 거짓말을 참말처럼 만들기 위해 일곱 가지 거짓말이 더 필요하다는 말까지 있을까요.

결국 상대를 속이는 것은 동시에 자신마저 속이는 어리석은 일이 되는 거예요.

거짓말은 정말 눈덩이처럼 불어난다는 사실을 잊어서는 안 되겠지요. 더욱 위험한 것은 습관으로 굳어지면 쉽게 고칠 수가 없다는 점이에요.

다산 선생님은 특히 두 아들이 어릴 때 시골이 아닌 한성에서 자라 잘못된 말들을 배우지 않았을까 걱정하셨습니다.

　그 당시에도 지금처럼 시골보다는 서울이 더 삭막하다고 여긴 것 같아 흥미롭네요.
　그러나 시골이든 서울이든 거짓말쟁이가 되면 아무도 따뜻한 손을 내밀어주지 않는다는 사실을 명심해야 해요.

소중한 이야기

다산 선생님은 평소 편지 한 장을 쓰면서도 많은 생각을 했습니다. 자신이 쓴 편지가 사람이 많이 지나는 장소에 떨어졌을 때 행여 원수가 펴보더라도 죄를 짓지 않기를 생각한다고 했어요. 또한 그 편지가 수백 년 동안 전해져 식견이 있는 많은 사람들이 읽더라도 비웃음을 받지 않기를 생각한다고도 했어요. 그렇게 여러 번 읽고 생각한 다음 비로소 편지를 부쳐야 한다는 것입니다.

신중히 생각해
말을 해야 한다

학연아, 학유야.

남이 알지 못하게 하려면 그 일을 하지 말고, 남이 듣지 못하게 하려면 그 말을 하지 않는 것이 제일이다.

이 두 마디의 말을 늘 외우고 실천하며 살도록 해라. 그렇게 한다면 작게는 한 가정을 편히 지킬 수 있으며 크게는 하늘을 섬길 수 있게 될 것이다.

한 집안을 뒤흔드는 불행과 온 세상을 뒤엎는 재난이나 근심은 모두 비밀로 하는 일에서 생겨나는 법이다.

또한 사람의 생명까지 해칠 수 있는 것이 비밀임을 명심하여라.

그러니 사물을 대하고 말을 할 때는 그 결과를 깊이 살펴 신중히 하도록 해라.

신중함은 곧 나는 물론 집안과 세상을 위해 필요한 올바른 자세라는 점을 잊어서는 안 된다.

다산 선생님의 말씀

중국 송나라의 도학자 장자는 '개는 잘 짖는다고 해서 좋은 개가 아니고 사람은 말을 잘 한다고 해서 현인이 아니다'고 했다.

생각하는 사이, 커가는 마음

　다산 선생님은 말로 인해 비밀을 만들어내면 불행이 생겨난다고 하셨네요.

　그렇다면 비밀이란 무엇일까요? 다른 사람에게 숨긴 채 드러내지 않는 속마음이랍니다. 그 때문에 오해가 생기고 미움이 생기고 또 싸움이 생겨 결국에는 좋지 않은 결과만 남게 되기도 하지요.

　그래서 선생님은 비밀 때문에 집안이 흔들릴 수 있고 세상마저 혼란에 빠진다고 하신 거랍니다.

　율곡 이이는 평소에 남과 소곤소곤 이야기하는 것을 싫어했어요. 그 이유에 대해 묻는 제자들에게 항상 '군자는 말과 행동을 맑게 갠 한낮처럼 해서 누구나 알 수 있도록 해야 하기 때문이다'고 대답했답니다.

　말을 할 때는 그 결과까지 깊이 헤아려 신중하게 해야겠지요. 『논어』에서도 다음 세 가지를 조심하라고 했어요.

　첫째, 아직 말할 때가 되지 않았는데 말하는 것.
　둘째, 이미 말할 때가 지났는데 말하지 않는 것.
　셋째, 상대방의 기분을 살피지 않고 분별없이 말하는 것.

'말 한 마디가 천 냥 빚도 갚는다'라는 속담을 알고 있죠? 그만큼 말 한 마디는 천 냥의 가치가 있으니 신중하게 여기라는 뜻이죠. 그런데 '말 속에 뼈가 있다'는 것도 알아둬야 해요. 무심코 던진 말 속에도 단단한 속뜻이 담겨져 있다는 것이죠. 그것이 행여 비밀을 만들어 오해를 불러오고 불행을 가져온다면 상처가 되겠지요.

쉽게 내뱉은 말 한 마디에 친구들이 마음 상해하는 일을 가끔 봤을 거예요. 그러니 말은 함부로 하기 전에 신중하게 생각하고 그 결과까지 헤아려봐야 하는 거랍니다.

소중한 이야기

조선시대 정승 황희가 논길을 걷고 있을 때였습니다. 한 농부가 두 마리의 소를 몰며 논을 갈고 있는 것을 본 황희가 어느 소가 일을 잘 하냐고 물었지요. 그러자 농부가 황급히 황희에게 다가오더니 먼 곳으로 데려가서는 귀에 대고 속삭였어요. 검은 소는 꾀를 부리지만 누런 소는 일을 잘 한다고 말이죠. 황희는 그런데 왜 이곳까지 끌고 와서 소곤거리냐며 껄껄 웃고 말았어요. 농부는 아무리 하찮은 동물이라도 자신에게 나쁜 말을 하면 싫어하는 법이라며 얼굴을 찌푸렸어요. 그 말에 황희는 자신의 경솔함을 뉘우쳤다고 합니다.

남을 용서하며 사랑해라

연아! 잘 들어라.

나의 둘째 형님은 나에게 "너는 큰 허물은 없지만 너그러움이 부족하다"하시며 꾸짖은 적이 있으셨다.

그런데 너는 그런 이 아버지보다 훨씬 더 속이 좁은 것 같아 안타깝구나. 티끌만큼도 남의 잘못을 용서해 주지 못하는 사람이 갑자기 넓은 강처럼 포용할 수 있겠느냐?

너그러운 마음을 지니려면 용서하는 일부터 배워야한다.
아무리 속 좁고 비뚤어진 사람도 다른 누군가를 용서하는 순간 바다처럼 넓은 마음을 갖게 된다.
　용서하는 마음이 있다면 좀도둑이나 원수마저 이해하고 안아줄 수 있는 군자가 된다고 했다.

　너 역시 남을 용서할 수 있게 된다면 얼마나 마음이 넓어지겠느냐. 그러니 부디 용서하고 사랑하며 사는 사람이 되어라.

# 생각하는 사이, 커가는 마음

　다산 선생님이 말씀하신 둘째 형님은 학자이셨던 정약전이랍니다. 그 형님에게서 평소 너그러움이 부족하다는 말을 들었던 것 같네요.
　하지만 선생님께서 정말로 하고 싶었던 말은 무엇이었을까요?
　바로 큰아들 정학연에 대한 충고입니다. 자신도 속이 좁다고 말한 것은 큰아들이 그런 아버지를 능가하는 훌륭한 사람이 되었으면 하는 마음에서 비롯된 것이죠.
　사소한 것도 용서하지 못하면 넓은 마음을 품을 수 없다고 말씀하셨어요. 그런 상태라면 더 넓은 세상을 끌어안고 꿈을 펼치며 살아갈 수 없다는 염려 때문이랍니다.
　여러분은 행여 친구가 잘못을 했을 때 어떤 마음을 보였나요? 처음에는 화도 나고 실망도 크겠지만 너그럽게 용서하고 안아주는 자세가 필요해요. 화를 내고 실망을 하면 그 친구는 더욱 미안해 할 것이고 여러분도 마음을 열 수 있는 기회를 놓치게 되기 때문이지요.
　모든 일을 너그럽게 처리하면 저절로 복이 쌓인다는 말도 있어요. 결국 너그러운 마음으로 남을 용서하는 것은 곧 자신에게 보내는 박수와도 같은 것이에요. 그래서 선생님도 누군가를 용서하는 순간 바다처럼 넓은 마음을 갖게 된다

고 했지요. 그렇게 넓어진 마음에 박수를 보낼 수 있는 여러분이 되었으면 해요. 남을 용서하고 너그럽게 안아주는 사람이야말로 최고의 친구랍니다.

소중한 이야기

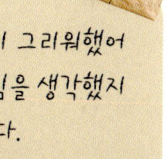

흑산도에 있던 정약전은 강진에서 유배생활을 하던 동생 정약용을 몹시 그리워했어요. 정약용 역시 다산초당 옆 바다가 보이는 정자 천일각에 나와 늘 형님을 생각했지요. 정약용은 산에 올라 바다를 보며 형님을 그리는 시를 짓기도 했습니다.
'산 정상에 올라 서쪽을 향하니 바다와 산이 얽혀 있고 안개와 구름이 꺼졌다 솟으며 여러 섬들이 눈앞에 보이건만 어느 것이 형님 계신 섬인지 알 길이 없구나.'
그러던 어느 날 정약전은 동생 정약용이 유배생활에서 풀려나 자신을 만나러 올 수 있다는 이야기를 전해 듣게 되었어요. 그래서 동생과 조금이라도 가까운 우이도로 어렵게 갔지요. 하지만 정약전은 동생을 끝내 만날 수 없었답니다. 정약용이 유배에서 풀려나는 것을 두려워한 반대파들의 방해 때문이었어요. 그 후 우이도에서 하염없이 동생을 기다리던 정약전은 그 꿈을 이루지 못한 채 먼저 세상을 떠나고 말았지요.

정약전 정약전(丁若銓, 1758~1816)은 조선 후기의 학자로 천주교를 널리 전하다 신유박해 때 흑산도에 유배된 뒤 세상을 떠났어요. 그곳에서 어류를 관찰해 정리한 『자산어보』를 남겼는데 어류백과사전이라고 할 수 있답니다.

정정당당하게 살아라

첫째 학연이 보거라.

너는 도둑 가운데 가장 나쁜 도둑이 누구인지 아느냐?
권력을 쥐고 높은 자리에 있는 사람을 찾아가 일을 부탁하는 자들이다. 또한 불량배들과 짜고 어수룩한 사람들을 속여 재물을 빼앗는 자들이다.
그러나 정당하지 못한 방법으로 얻은 재물은 오래 지킬 수 없는 법이다.

너는 남을 속여서 쌓은 재산을 평생 지킬 수 있다고 생각하느냐? 재물에 대한 욕심은 끝이 없는 것인데 왜 근본적인 해결방법을 찾지 않는지 안타깝구나.

    분수를 지키며 검소하게 땅을 일구고 절약하며 살아야 한다. 그것이 집안을 이끄는 훌륭한 큰아들로서 할 일이다.
    항상 정정당당한 방법으로 사는 것만이 인간다운 참모습임을 잊지 말거라.

# 생각하는 사이, 커가는 마음

자신의 땀과 노력으로 벌어들인 것은 그만큼 소중하게 여겨져 함부로 하지 못하게 됩니다.

여러분도 집안일을 돕거나 심부름을 하고나서 부모님께 받은 용돈에 대한 느낌이 달랐던 적이 있을 거예요. 평소에 받던 용돈과는 달리 자신의 수고와 부모님을 위하는 마음까지 들어간 대가라 더 귀하게 여겨지지요. 그래서 쉽게 쓸 수 없다는 생각마저 들어 저금을 하거나 아끼게 되는 거랍니다.

반면에 정직하지 못한 방법을 통해 번 것은 오래가지 않겠지요. 다산 선생님 말씀처럼 지키지 못하고 모두 쉽게 써버리게 되기 때문이에요. 왜냐하면 다시 정당하지 못한 방법으로 또 벌어들이면 되지 않겠냐는 생각 때문이죠.

정직하게 일을 하면 힘이 들고 돌아오는 것도 적다는 생각에 부정한 방법을 택하기도 해요. 하지만 사람의 욕심은 끝이 없어서 문제가 벌어지죠. 한번 나쁜 짓을 하게 되면 그 욕심 때문에 더 큰 죄를 짓게 되는 겁니다.

선생님은 정정당당한 방법으로 분수를 지키며 검소하게 살아야 한다고 말씀하셨어요. 욕심을 버리고 자신에게 만족하면서 정당한 방법으로 사는 것이 참 모습이라는 것입니다.

고려시대 후기에 살았던 이조년과 이억년이란 형제에 관한 이야기가 있는데 잘 생각하면서 읽어보세요.

형제는 공암나루(현 서울 강서구 가양동)에서 배를 타고 가던 중이었어요. 그들 형제는 각자 금덩어리 하나씩을 품에 넣고 있었는데 갑자기 동생이 금덩어리를 강에 던져버렸어요.

"형님만 없으면 두 개의 금덩어리를 모두 가질 수 있겠다는 생각이 들었어요. 그래서 형님이 갑자기 미워지기도 해서……"

동생의 말에 형도 그런 생각이 들었다며 자신의 금덩어리도 멀리 던져버렸어요. 형제는 우애를 위해 금이 아닌 욕심을 버린 것이죠.

바다는 메워도 사람의 욕심은 못 채운다는 속담이 있어요. 그 정도로 사람의 욕심이란 끝이 없다는 뜻이죠. 하지만 욕심을 버려야만 그 자리에 만족과 당당함이 자리하는 것임을 잊지 말아야 하겠지요.

소중한 이야기

학자 조식은 정의롭지 못한 일을 싫어하는 정직한 인물이었어요. 어느 날 그에게 새로 부임한 관찰사가 인사를 하러 왔을 때였어요. 관찰사는 인사를 마치고 조식의 허리에 차는 검을 보고는 무겁지 않느냐고 물었어요. 조식은 근엄한 표정으로 이렇게 대답을 해주었답니다.

"나와 나라를 지키고 정의를 지키는 검이 무거울 것이 뭐가 있겠는가. 내 생각에는 그대가 허리에 찬 돈주머니가 더 무거울 것 같은데."

그러자 관찰사는 깊이 고개 숙여 반성을 했다고 합니다.

도움을 바라지 말고 이겨내라

두 아들아! 보아라.

너희들 편지를 보면 항상 버릇처럼 말하기를 일가친척 중에 누구도 도움을 주는 사람이 없다고 한다. 또한 험난한 인생길을 살아가는 처지라고 한숨을 쉬고 있다. 그러나 이는 모두가 남을 원망하는 말이니 큰일이 아닐 수 없구나.

예부터 가난하고 천한 사람은 남의 도움을 받을 수 없다는 것을 모르느냐. 예나지금이나 남의 도움을 받으면서 살아야 한다는 법은 처음부터 없었다.

요즘 같은 세상에 서로 헐뜯지 않고 사는 것만으로도 다행인데 어찌 도움까지 바라겠느냐? 지금 우리 집안이 망하기는 했지만 더 가난한 일가친척들에 비하면 오히려 다행인 것을 모르더냐. 다만 그들을 도와 줄 힘이 없어 안타까울 뿐이다.

비록 누구를 도와줄 힘은 없지만 당장 굶어죽을 정도는 아니다. 그러니 도움을 받지 않아도 될 처지가 아니겠느냐?

모든 일에 대해 적절한 대책을 세우는 것이 우선이다. 그런 다음 도움을 받으려는 생각을 버린다면 저절로 마음이 평안해져서 하늘을 원망하고 남을 탓하는 생각이 없어질 것이다.

다산 선생님의 말씀

누군가의 도움을 받을 생각은 아예 하지 말거라. 행여 너희가 근심 걱정이 있을 때 다른 사람이 도와주지 않더라도 원한을 품어서는 안 된다. 이해하는 마음으로 그분들이 도울 수 없는 사정이 있거나 도와줄 힘이 미치지 못하기 때문이라고 생각해야 하는 것이다.

 생각하는 사이, 커가는 마음

　　두 아들이 어렵게 사는 것을 누구보다 잘 알고 있는 사람은 바로 다산 선생님이죠. 그런데 마음과는 달리 말씀을 차갑게 하신 이유가 무엇일까요?
　　바로 두 아들에게 강한 정신력과 자립심을 심어주기 위해서랍니다.
　　"군자는 모든 것을 자기 책임으로 여기고 반성하지만 소인은 남에게 책임을 넘기고 남을 꾸짖는다."
　　또한 평소 가르쳤던 이런 군자의 도리에 대해서도 다시 확인시켜 주고 싶었을 겁니다.
　　그래서 도움을 받으며 살 생각은 아예 하지 말라며 못을 박으셨어요. 서로 헐뜯고 미워하며 살지 않는 것을 다행으로 여기라고 말씀하셨고요. 그러면서 오히려 남을 도와주지 못하는 형편을 안타까워하신 부분에서는 선생님의 깊은 속마음이 느껴지기도 하네요.
　　여러분은 어려움에 처했을 때, 그래서 간절히 도움이 필요한데 받을 수 없는 처지라면 어떡하겠어요? 바로 그럴 때 필요한 것이 스스로 해결할 수 있는 능력과 의지인 자립심입니다.
　　다산 선생님이 지적하신 것처럼 어떤 일이든 적절한 대책을 세우는 것이 우선이겠죠. 그러자면 힘들고 어려운 일도 스스로 해보며 이겨내는 훈련이 필요

해요. 또한 한번 실패했다고 해서 물러서지 말고 끝까지 도전하는 정신도 있어야 해요. 그런 과정이 반복되면 쉽게 남의 도움을 받으려는 생각도 없어지고 자신감이 생기겠지요.

　선생님이 바라시는 것처럼 다른 사람을 탓하는 마음도 사라질 것입니다.

부모에게 효도하고 형제간의 사랑을 나누며 사는 것이 생활의 바탕이라는 것을 강조하신 장이랍니다.

마음은 굴뚝같은데 막상 효도를 어떻게 해야 할 지 몰라 망설일 때가 있지요.

형제가 소중한 것은 잘 알지만 생각과는 달리 마주하면 자주 싸우게 되어 속상 할 때도 있어요.

무엇부터 실천해야 할지 잘 모르기 때문이랍니다.

효도와 형제간의 사랑을 위해서는 거창한 이벤트나 선물이 필요한 것이 아니에요.

언제 어디서나 진심어린 마음을 담아 건네는 사랑이 무엇보다 중요하지요.

그럼 어떻게 효도와 형제간의 사랑을 실천해야 할지 한 장 한 장 넘겨볼까요?

제3장

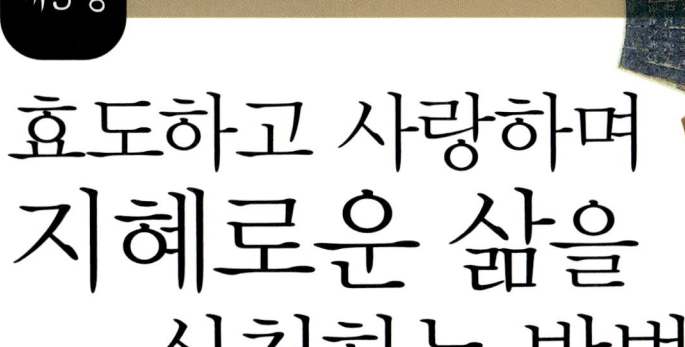

효도하고 사랑하며 지혜로운 삶을 실천하는 방법

효도는 끝이 없는 것이다

학연아, 학유야 잘 들어라.

너희들이 살면서 마음껏 웃고 즐긴다고 해서 허물이 되지는 않을 것이다. 하지만 진정한 효자라면 유배 생활을 하는 아버지를 걱정하는 것이 마땅한 일이라고 할지도 모른다. 그러나 너희들은 평범한 사람이니 때때로 웃고 즐기는 것 또한 자연스러운 일이다. 오히려 이런 현실이 슬프고 너희들이 측은하게 여겨지는구나.

일가친척들이 너희에게 부모상을 당한 것처럼 살라고 한다는 말을 들었다. 하지만 내가 아직 죽지도 않았는데 어찌 머리를 풀고 어두운 얼굴로 웃지 않으며 지낼 수 있겠느냐.

어쨌든 내가 먼 곳에 있어 너희들이 자식으로서의 예절을 다할 수 없게 되었구나. 그 대신 큰아버지께 아침에 문안드리고 저녁에도 가서 잠자리를 봐드리도록 해라.

이것은 사람 된 도리로써 끝까지 해야 하는 일이다.

다산 선생님의 말씀

큰아버지를 섬기는 일에는 특별히 따로 정해진 예절이 없고 오직 자기 아버지 섬기는 것처럼 하면 되는 것이다.

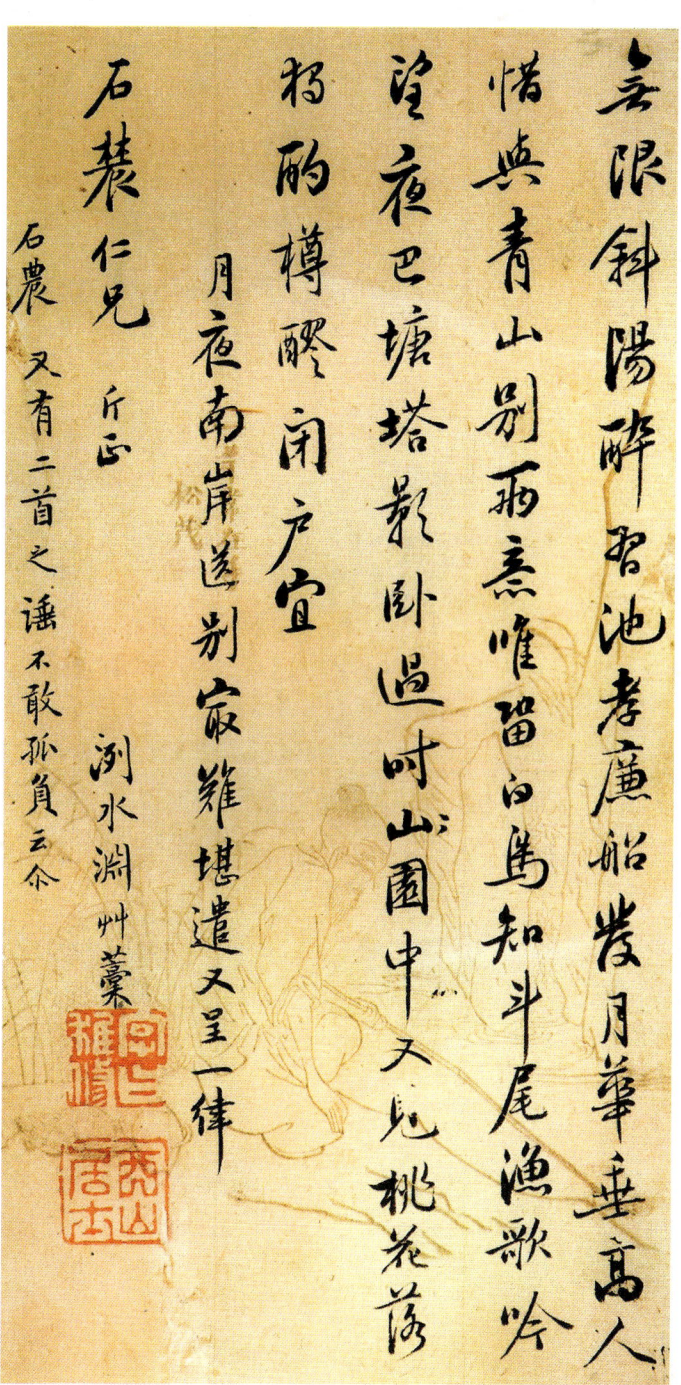

정학연의 글 정학연이 석농(石農)에게 올린 시고. 강진군 소장

생각하는 사이, 커가는 마음

　유배 생활을 하는 자신을 죽은 사람으로 여기라는 주변의 말에 다산 선생님의 마음도 아프셨을 거예요. 유배는 특별히 임금의 명이 있는 경우 풀려날 수도 있지만 대부분은 늙어 죽을 때까지 그곳에서 살아야 했거든요.
　하지만 선생님은 두 아들에게 평상시처럼 웃고 즐겁게 지내라는 마음을 보내셨네요. 왜냐하면 그것이 자연스럽고 평범한 일임을 잘 알고 계셨기 때문입니다.
　그러면서 한편으로는 두 아들이 자식으로서 아버지를 걱정해야 함이 마땅하다고 하셨어요. 효도를 받고 싶어서가 아니라 두 아들이 도리를 잊지 않게 하기 위해서랍니다.
　효는 예로부터 우리나라의 중심이 되어온 정신이랍니다.
　임진왜란 때 일본 선봉장으로 쳐들어온 사야가는 어느 농부 가족이 피난 가는 모습을 보게 되었어요. 왜군의 조총 공격이 퍼붓고 있는데도 농부는 늙은 어머니를 업은 채 흐트러짐 없이 산길을 오르고 있었죠. 이때 사야가는 깊은 감명을 받았는데 저토록 어질고 착한 백성들을 해치는 것은 도리가 아니라고 생각했습니다. 며칠을 고민하던 사야가는 결국 부하들을 이끌고 귀순해 우리나라 백성이 되었답니다.

    효도는 이렇듯 자신은 물론 더 많은 사람들에게 그 소중함을 일깨워줄 수 있는 것이기도 해요. 그래서 선생님도 대신 큰아버지께 효도를 다하라는 당부를 하신 거예요. 아침이면 안녕히 주무셨는지 묻고 저녁이면 편히 잠드시라고 잠자리를 돌보라 하신 것이죠.

    큰아버지뿐만 아니라 모든 일가친척의 어른들은 공경해야 할 분이랍니다. 더 나아가 동네에서 마주친 어른들께도 예의를 갖추고 인사를 하는 사람이 되어야 합니다.

사야가 사야가(1571~1642)는 선조 25년(1592) 임진왜란 때 우리나라에 귀화한 일본인으로 김충선이란 이름을 갖게 되었습니다. 조선시대의 뛰어난 학문과 효도 등의 문화에 감동을 받았기 때문이었지요. 그 후 여러 차례 전공을 세우기도 했답니다.

부모에 효도하고
형제간에 사랑하라

두 형제에게 바란다.

마음과 행동을 바르게 하고 품성을 기르는 데 바탕이 되는 것은 효와 우애이다. 효와 우애를 다하지 못하면 학식이 높아도 존경받을 수가 없는 것이다.

효와 우애를 가볍게 여기는 사람을 친구로 삼아서는 안 되고 또 믿어서도 안 된다. 비록 그가 의리로 너를 따른다고 해도 끝내는 배반하게 된다. 은혜를 모르고 의리를 잊은 채 아침에는 따뜻하게 대해주다가 저녁에는 차갑게 변한다. 세상에서 가장 깊은 은혜와 두터운 의리는 부모형제간의 사랑이다. 그런데 이것을 가볍게 여기는 친구라면 무엇을 더 바라겠느냐?

    부모와 형제에게 정성을 다하지 못하는 사람은 다른 사람에게도 진심을 보일 수 없는 법이다. 불효자와 형제간의 사랑이 깊지 못한 사람은 절대 가까이해서는 안 된다.

    사람을 알려면 먼저 가정생활이 어떤지를 살펴보면 된다. 만약 옳지 못한 점을 발견하게 되면 나 또한 그런 잘못이 없는지 돌이켜 봐야한다.

    늘 조심하면서 스스로 그렇게 되지 않도록 열심히 노력해야 한다.

다산 선생님의 말씀

공자가 이르기를 '정직한 사람, 진실한 사람, 지식이 많은 사람을 친구로 삼으면 유익하다'고 했다. 그러나 형식만 차리고 만날 때만 좋아하고 말재주만 있는 사람을 친구로 삼으면 해롭다는 말도 하였느니라.

 생각하는 사이, 커가는 마음

　다산 선생님은 효도를 모르고 형제간의 사랑을 가볍게 여기는 사람을 멀리 하라고 말씀하셨네요. 그런 사람을 친구로 삼거나 믿어서는 안 된다고 하셨어요.
　그만큼 효도와 형제간의 사랑은 중요한 것이랍니다.
　효와 우애는 사람이 살아가는 데 있어 심지처럼 굳게 박혀있어야 하는 것이죠. 그런데 만약 효와 우애가 없으면 옳지 못한 행동이나 결과를 가져오게 되지요. 부모와 형제에게 잘 하지 못하는 사람은 다른 사람에게도 마찬가지이기 때문이랍니다.
　그래서 선생님은 그 사람에 대해 알고 싶다면 먼저 그의 집안을 살피라고 하셨어요. 집에서 효도하고 형제끼리도 잘 지내는 사람이라면 누구에게나 정성을 다하겠지요.
　부모형제를 사랑하는 사람은 남을 미워하지 않고 오만하지 않다고 했어요. 부모에게 효도하지 못하고 형제간에 싸움만 하며 다른 사람을 배려할 줄 모른다면 어떻게 되겠어요?
　오직 자기만 생각하는 이기적인 독불장군이 되겠지요. 그런 사람이라면 아무리 공부를 해도 발전할 수 없으며, 여러 사람들과 마음을 모아 중요한 일을 할

때도 도움이 되지 못할 거예요.

　여러분은 어떤 아들과 딸이고 친구인지 곰곰 생각해보는 시간을 가져보기를 권해요.

소중한 이야기

순 임금은 부모에게 효도하고 동생을 사랑하는 마음이 지극했어요. 아버지가 다른 부인에게서 낳은 동생을 사랑하여 순 임금을 죽이려 했지만 그의 효성과 우애에 어쩔 수가 없었답니다. 순 임금이 농사를 짓게 되자 그 지방 백성들이 그의 높은 덕에 감동받아 서로 밭과 논을 내주었어요. 또 고기잡이를 하자 모두들 낚시터를 서로 양보하여 한 사람이 좋은 자리를 독차지하는 일도 사라졌답니다.

일가친척에 대한 사랑도 실천해라

학연, 학유 보거라.

멀지 않은 곳에 있는 일가친척을 잘 돌보며 살아야 한다. 만약 그 집에 급한 일이 생기면 너희가 수시로 찾아가 도움을 줘야한다.

큰 추위나 홍수가 있으면 반드시 잊지 말고 식량이나 땔감을 대주어라. 그럴 때 죽 한 그릇이라도 도와주면 허름한 집 한 채 살 돈을 대주는 것보다 낫다.

다산 선생님의 말씀

세상의 옷과 음식, 재물 등은 모두 부질없는 것들이다. 옷은 입으면 해지기 마련이고 음식은 먹으면 썩기 마련이며 재산은 자손에게 물려줘도 결국에는 없어지고 만다. 다만 한 가지 가난한 친척이나 친구에게 나눠주는 것만은 영원히 없어지지 않는다.

매화도 묵지로 된 부채 위에 그린 매화 그림. 정조 임금을 향한 정약용의 마음을 그렸다. 고려대학교박물관 소장

요즘 우리 집안이 모두 흩어져 버렸으니 지극한 마음으로 서로 어루만져 보살피도록 하여라.

 ## 생각하는 사이, 커가는 마음

멀리 떨어져 고생을 하면서도 다산 선생님은 일가친척들에 대해서도 관심과 사랑을 보이셨어요. 넓고도 따뜻한 마음이 느껴지는 것 같아 코끝이 찡해지네요.

특히 어려움에 처한 일가친척이 있으면 언제든지 찾아가 도와줘야 한다고 했어요. 둘째 형님(정약전)은 선생님처럼 유배생활을 하고 있고 셋째 형님(정약종)은 이미 세상을 떠났기 때문에 더욱 그런 마음이 들었을 겁니다. 그래서 일가친척들이 서로 흩어져 살게 되었지만 더욱 정성어린 마음을 써야한다고 가르치고 계시네요.

여러분은 어쩌다 친척들과 만나게 되면 어떤 마음이 드나요? 오랜 만에 보는 얼굴이라 서먹하기도 하고 왠지 남 같지는 않지만 친한 친구보다는 멀게 느껴지기도 하죠. 서로가 바쁘고 또 멀리 떨어져 있어 자주 만나지 못했기 때문이랍니다.

일가친척은 성과 본이 같은 자손과 그 밖의 친척 그리고 혈연관계는 없지만 혼인으로 맺어진 사람들을 말해요. 곧 이 세상을 살아가는 데 있어 가장 가깝고도 친한 사람들이랍니다.

옛날에는 일가친척이 한마을에 혹은 그리 멀지 않은 곳에 모여 살았지요. 그

래서 웃어른을 만나면 자연스레 공경하는 분위기가 형성될 수밖에 없었답니다. 지금은 비교적 사는 곳이 멀어졌지만 그 마음만은 잊지 말아야 합니다.

효도는 작은 것부터 직접 해야 한다

두 아들은 새겨들어라.

부모를 섬기는 사람은 사소한 것부터 마음을 써야 효도하는 지름길을 얻을 수 있다.

그런데 요즘 사대부 집안의 부녀자들은 부엌에 들어가지 않으려고 한다. 부엌에 들어가는 일이 해롭고 어려운 일이더냐? 기꺼이 부엌에 들어가 연기를 맡으며 일을 하면 시어머니의 사랑을 받아 효부(효성스러운 며느리)가 되는 것이다. 그 결과 법도 있는 집안의 가풍을 이루게 될 것이다. 이게 바로 효도이자 지혜가 아니겠느냐.

저녁때 어머니 잠자리를 보살피다가 방바닥이 찬 것을 알게 되었다고 치자. 그럴 때 너희들은 아랫사람을 불러 시켜서는 안 된다. 직접 기쁜 마음으로 나무를 가져다 불을 지펴 따뜻하게 해드리는 것이 도리다. 매캐한 연기에 잠시 고통스럽겠지만 네 어머니는 기뻐할 것이다. 그러니 어찌 이런 일을 즐겁다고 하지 않겠느냐.

너희들은 이 점을 헤아려 정성을 다해 어머니의 마음을 기쁘게 해드려라. 두 아들이 효자가 되고 두 며느리는 효부가 된다면 나는 이대로 늙는다 해도 바랄 것이 없다.

내 말을 따라 모두들 효도를 다하도록 해라.

생각하는 사이, 커가는 마음

'부모는 단지 두 분뿐인데 섬기는 일에 있어서는 항상 형제가 서로 미룬다'는 말이 있어요.

그러면서 자신의 아이를 기르는 일에는 비록 열 명이라도 혼자 맡으려고 한다는 것이죠. 부모는 자식이 배부른지 따뜻한지 항상 물어보지만 자식은 그러지 않는다고 해요.

효도를 너무 거창한 것으로 그리고 어려운 것으로 여기고 있지는 않나요? 그래서 쉽게 할 수 없다고 미리 포기하는 것은 아닌지 모르겠네요.

효도란 다산 선생님의 말씀처럼 사소한 것에서부터 시작된답니다. 옛 성현들의 가르침 가운데 부모님이 계실 때는 멀리 가지 말고 어쩔 수 없을 때는 장소를 자세히 알려야 한다는 말이 있어요.

외출을 할 때 부모님께 드리는 말 한 마디가 그만큼 소중한 것입니다. 일단 여러분이 어디에 있는지 알게 되니 부모님은 안심을 할 수 있겠지요.

그런데 만약 그런 말조차 없이 외출해 밤늦도록 오지 않으면 어떻게 되겠어요? 당연히 걱정하실 테니 이런 일은 피해야겠죠. 효도는 이렇듯 부모님의 마음을 편하게 해드리는 아주 사소한 것부터 시작된답니다.

그런 마음들이 하나둘씩 모이고 성장해가면 여러분은 더 큰 공경을 할 수 있

게 되는 거죠. 바로 진정한 효자와 효녀가 될 수 있다는 말이에요.

하지만 처음 작은 것부터 실천해나가는 자세가 무엇보다 중요하겠지요.

조선시대 후기 문신인 채제공이 참판으로 있을 때의 일입니다. 집에서 부리는 종들도 많을 텐데 채제공은 부모를 모시는 일에 있어서는 궂은일도 마다하지 않고 직접 했어요. 도승지가 되어서도 집에 돌아오면 가장 먼저 땔감을 안고 달려가서는 아버지 방에 직접 불을 땠지요. 누군가 왜 그런 일을 직접 하냐고 묻자 채제공은 이렇게 대답했답니다.
"아버님이 편안해 하시는 구들장 온도는 내가 더 잘 아니까 직접 하는 거요."

서로 도우며 형제애를 두텁게 하라

두 아들은 명심하여라.

우리 집은 시골이 아닌 한성이지만 해마다 닭 여러 마리를 기르고 병아리들을 구경하며 즐겁게 살아왔다.

처음 병아리가 알에서 깨어나면 어떠하더냐? 노란 부리가 부드럽고 녹색을 띤 털이 다보록한 것이 사랑스럽지 않더냐. 또한 잠시도 어미의 날개를 떠나지 않고 따라다니는 모습이 정성을 다해 효를 보여주는 것 같기도 하다. 어미가 물을 마시면 따라 마시고 어미가 쪼면 따라 쪼는 것이 화기애애하다. 어미닭의 두터운 정과 그것을 섬기는 병아리가 어우러진 아름다운 모습이 아닐 수 없다.

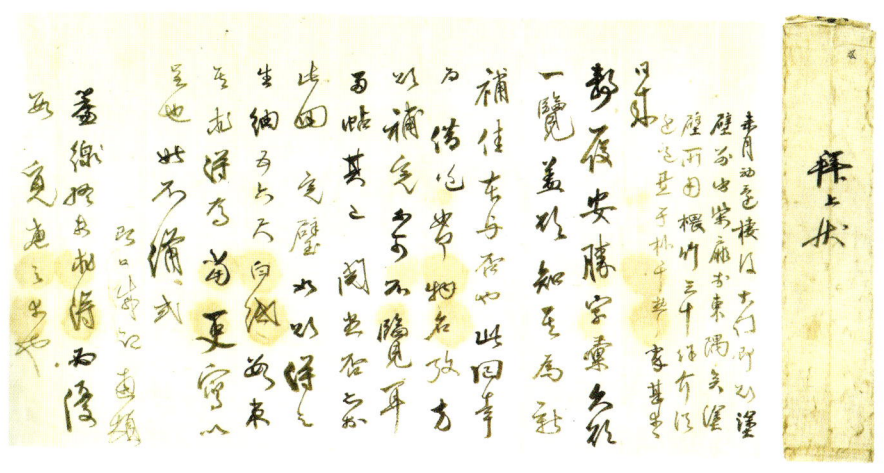

정약용의 편지 19세기 초 학문 연구를 위해 필요한 책들을 빌려달라고 보낸 정약용의 편지. 누구에게 보낸 것인지는 알 수 없지만 책의 내용을 옮겨 적기 위해서였다. 강진군 소장

또 병아리가 조금 자라 어미 곁을 떠나게 되면 어찌 생활을 하더냐? 형제들끼리 서로 따르며 항상 함께 다니고 먹고 자고 한다. 어쩌다 개가 기웃거리면 서로 지켜주고 매가 지나가면 서로 소리친다. 그 형제간의 사랑도 볼만한 구경거리가 아닐 수 없구나.

너희들은 병아리보다 자란 나이가 되었으니 오직 부모만을 따르며 사랑할 수는 없다. 그렇지만 형제끼리의 정과 사랑은 잊어서는 안 될 것이다. 우애를 소홀히 해서 병아리보다 못한 존재가 되고 웃음거리가 되면 멸시를 받게 된다.

이 점을 반드시 새겨 형제간의 우애에 더욱 힘써라.

다산 선생님의 말씀

형제라는 것은 나와 부모가 같으니 또 다른 나라고 할 수 있다. 형은 나보다 먼저 태어난 나이고, 아우는 나보다 뒤에 태어난 나의 다른 모습인 것이다. 생김새나 나이가 조금 다르다고 두 사람으로 여기면 안 된다. 더군다나 그런 생각으로 서로 사랑하지 않는다면 이것은 내가 나를 멀리하는 것과 같게 된다.

생각하는 사이, 커가는 마음

　다산 선생님께서 형제간의 사랑에 대해 다시 한 번 강조를 하셨네요. 그만큼 중요한 것이고 화목한 가정을 만드는 데 꼭 필요한 바탕이기도 하니까요. 선생님은 부모에 대한 효도는 잠시 접어두더라도 우애에 온힘을 기울이라고까지 하셨네요.

　『시경』에 보면 '형제는 집 안에서 비록 서로 싸우다가도 남이 얕잡아보고 헐뜯으면 함께 그것을 막는다'고 했어요. 형제간의 사랑은 그만큼 세상을 살아가는 데 있어 든든한 울타리가 되는 셈이죠.

　여러분에게 형제 또는 자매나 남매는 어떤 의미인가요? 그저 한 집에서 사는 피붙이로만 여기고 무덤덤하게 때로는 경쟁자처럼 으르렁거리며 지내는 것은 아니겠지요.

　퇴계 이황이 8세 무렵 때 형인 이해가 칼에 손을 베어 피를 흘린 적이 있었어요. 그러자 이황은 형의 손을 부여잡고 소리 내어 펑펑 울기 시작했지요. 그 모습을 본 어머니가 손을 다친 형은 가만히 있는데 왜 네가 우냐고 물었어요. 이황은 울먹이며 이렇게 대답을 했다고 합니다.

　"형은 저보다 나이가 많아 눈물은 참을 수 있지만 피가 이렇게 흐르는데 어찌 아프지 않겠습니까?"

우리나라는 이렇듯 아주 오랜 옛날부터 '형우제공(兄友弟恭)'이라는 정신을 잃지 않고 살아왔어요. 형은 동생을 사랑하고 동생은 형을 공경한다는 말이죠. 벽에 이 말을 붙여두고 함께 실천하는 것은 어떨까요?

소중한 이야기

율곡 이이는 자신은 물론 다른 형제들마저 모두 가난한 생활을 했어요. 그나마 이이가 가장 형편이 나은 편이었는데 처가의 도움을 받았기 때문이었죠. 장인이 한성에 집 한 채를 사서 이이에게 준 일이 있었어요. 하지만 형제들이 끼니조차 잇지 못하고 사는 것을 잘 알고 있던 이이는 그 집을 팔기로 했답니다. 그 돈으로 베를 사서 형제들에게 골고루 나눠주기 위해서였어요. 형제들이 굶고 있는데 혼자만 배부르게 살 수 없다는 마음 때문이었지요.

이웃을 사랑해라

두 아들에게 묻는다.

일가친척뿐만 아니라 이웃 가운데는 며칠 째 끼니를 거르고 있는 집도 있을 것이다. 너희는 쌀이라도 퍼다 주어 굶주리지 않게 해주고 있는지 모르겠구나.

눈이 쌓여 출입을 못한 채 추위에 떨고 있다면 땔감을 나누어 따뜻하게 해주어라. 병들어 약이 필요한 사람에게는 한 푼이라도 건네 일어날 수 있도록 도와주어야 한다.

가난하고 외로운 노인이 있다면 틈이 나는 대로 찾아가 따뜻하고 공손한 마음으로 모셔야 한다. 근심걱정에 싸여 있는 집을 찾아가 그 고통을 함께 나누고 처리할 방법을 함께 의논해야 한다.

남이 내게 무엇을 베풀기를 바라기 전에 내가 먼저 따뜻한 마음을 내미는 것이 사랑이란다.

이웃은 일가친척 만큼이나 소중한 사람들이라는 점을 항상 잊지 말아야 한다.

모두 잘들 하고 있는지 궁금하구나.

다산 선생님의 말씀

공자가 '가까이 있는 사람을 기쁘게 하고 멀리서 사람들이 찾아오게 하라'고 한 말을 잊어서는 안 된다.

생각하는 사이, 커가는 마음

　옛날 한 마을에 알뜰하게 생활하며 부자가 된 여인이 있었어요. 어느 날 마을로 생선을 파는 장사꾼이 찾아왔는데 너무 싸다는 소리에 딸을 시켜 사오게 했지요. 그런데 딸이 가져온 생선을 본 여인은 황급히 돈을 더 주면서 남은 것을 모두 사오라고 했어요. 딸은 평소의 어머니와 다르다는 생각을 했지만 어쩔 수 없었어요. 잠시 후 여인은 딸이 사온 생선들을 담장 밑에 모두 파묻기 시작했어요. 놀란 딸이 그 이유를 묻자 부인이 비로소 안심을 하며 대답했어요.

　"사실 이 생선들은 모두 상한 것이란다. 행여 돈 없이 사는 이웃들이 싸다는 말에 사먹고 탈이라도 나면 어쩌겠느냐?"

　우리나라 전래동화 가운데 하나인데 이웃에 대한 배려와 사랑을 잘 보여주고 있네요.

　좋은 집을 사려고 하지 말고 좋은 이웃을 얻어야 한다는 말이 있어요. 이웃은 우리가 함께 살아가야 할 친구이자 든든한 동반자이기 때문이지요.

　아무리 좋은 집에서 살아도 이웃과 담을 쌓고 정을 나누지 않는다면 어떻게 되겠어요? 세상은 혼자 살아갈 수 없기 때문에 이웃이 필요한 것입니다. 어려움이 생기면 서로 도움을 주고 고통이 생기면 서로 위로해주기 때문입니다.

　그런 이웃을 만들기 위해서는 내가 먼저 좋은 이웃이 되어야겠지요. 다산 선

생님도 일가친척만큼 소중한 이웃을 위해 도움과 위하는 마음을 아끼지 말라고 당부하셨어요.

우리나라에는 예로부터 착한 일을 권하고 악한 일은 막으며 서로 돕자는 목적으로 만든 '향약'이 있었지요. 4가지 덕목을 두어 한 마을의 화합을 위해 노력했던 것입니다. 어려울 때 서로 돕고(환난상휼), 잘못된 일은 서로 규제하며(과실상규), 아름다운 풍습은 서로 나눠 본받으며(예속상교), 착한 일은 서로 권하자(덕업상권)는 정신이었어요.

이렇듯 이웃에 대한 관심과 사랑은 우리가 살아가는 데 필요한 우산이랍니다. 어려움과 고통을 막아내는 매우 튼튼하고 질긴 우산이지요.

여러분도 그 우산을 함께 쓰기 위해 지금부터라도 이웃을 생각하는 착한 마음을 갖도록 해요.

생활의 방법에 대해
연구하고 노력해라

학연에게 당부하노라.

생활의 방법에 대해 밤낮으로 생각해 보았다.

아무래도 뽕나무를 심는 것보다 더 좋은 일은 없을 것 같구나. 제갈공명이 뽕나무를 심어 그나마 생활을 꾸려 간 것이 지혜임을 비로소 알게 되었다. 과일을 파는 일은 어차피 장사하는 일이다. 그럴 바에야 뽕나무를 심으면 선비의 품위를 잃지 않으면서 장사꾼처럼 큰 이익도 남길 수 있으니 좋지 않겠느냐.

이곳 남쪽 지방에 뽕나무 365그루를 심은 사람이 있는데 일 년에 동전으로 365꿰미를 벌고 있다. 하루에 동전 한 꿰미로 식량을 마련하더라도 평생토록 가난하지 않게 살 것이다. 또한 부정한 방법으로 사는 것도 아니니 적극적으로 배워야 할 일이다.

그 다음으로 방 세 칸을 짓고 누에와 뽕을 일곱 층으로 해 놓으면 된다. 모두 스물한 칸의 누에를 칠 수 있어 일이 없어 노는 부녀자들에게 좋을 것이다.

올해는 오디(뽕나무 열매)가 잘 익었으니 너도 그 점을 소홀히 말아라.

제갈공명 제갈공명(181~234)은 중국 삼국시대 촉한(蜀漢)의 정치가 겸 전략가입니다. 제갈량이라고도 하며 유비를 도와 오나라의 손권과 합심해 조조의 엄청난 군대를 적벽싸움에서 물리쳤지요. 그 후 한나라가 멸망하고 유비가 황제에 오르자 승상이 되어서도 끝까지 충성을 다했답니다.

# 생각하는 사이, 커가는 마음

　멀리 떨어져 있어 아버지로서 아무런 도움을 줄 수 없는 다산 선생님의 애처로운 마음도 엿보이는 글이네요.
　그래서 뽕나무를 심어 생활에 도움이 되었으면 하는 바람을 보내신 거랍니다. 그러면서 어차피 장사를 할 바에는 선비의 품위를 잃지 않으며 돈을 벌 수 있는 방법이 될 거라는 말씀도 덧붙이셨어요.
　뽕나무는 열매를 먹으면 소화가 잘 되어 방귀가 뽕뽕 나온다고 해서 붙여진 이름이랍니다.
　뽕나무의 잎은 누에를 기르는 데 이용되며 열매인 오디는 날것으로 먹거나 술을 담그기도 하지요. 뿌리껍질은 열을 내리고 가래를 없애주는 데 쓰이고 나무는 가구를 만드는 데 이용되었어요.
　이렇듯 다양하게 쓸모가 있는 뽕나무라 선생님은 더 적극적으로 추천을 하신 듯해요.
　더군다나 뽕나무로 동전 365꿰미를 번다고 하셨네요. 꿰미는 옛날 동전인 엽전을 끈으로 꿰어놓은 한 단위를 말한답니다. 그러니 선생님 말씀처럼 오래 쓰고도 남을만한 돈이 되는 셈이죠.
　물질적인 도움을 주고 싶어도 그럴 수가 없는 선생님의 애틋한 마음이 전해

지는 것 같아요.

  그런데 참, 다산 선생님은 뽕나무를 심고 누에를 기르는 방법 등 다양한 분야에도 관심과 지혜가 높으신 점이 정말 놀랍네요.

> 제갈공명은 마음이 깨끗하고 욕심이 없어 재산을 조금도 늘리지 않았답니다. 공을 쌓은 대가로 받은 포상금조차 부하와 병사들에게 골고루 나눠주기도 했지요. 그가 죽은 뒤 조사를 해보니 뽕나무 8백 그루와 메마른 논밭 조금이 전부였습니다. 모아놓은 돈도 없이 죽을 때까지 약 30년 동안 유비와 그의 아들 유선에게 충성을 아끼지 않았던 인물이었습니다.

닭을 키워도 선비의 자세를
잃지 말거라

학유에게

네가 닭을 키운다고 들었다.
닭을 키우는 것은 참으로 좋은 일이다. 하지만 여기에도 가치 있는 것과 천한 것 그리고 깨끗한 것과 더러운 것의 차이가 있단다.

농사에 관한 책을 잘 읽고 좋은 방법을 골라 시험해 봐야한다. 색깔을 나누어 길러도 보고, 닭이 앉는 홰대를 다르게 만들어보기도 해야 하는 것이다. 그것이 다른 집의 닭보다 살이 찌고 알을 잘 낳을 수 있도록 연구하는 길이다.

때로는 닭이 사는 모습을 시로 지어 보아라. 그러기 위해서는 닭들의 상태를 잘 관찰해봐야 한다. 이것이야말로 책을 읽는 사람만이 할 수 있는 닭 키우는 방법이다.

만약 이익만 생각하고 도리를 알지 못하거나 가축을 기를 줄만 알았지 그 재미나 의미를 모른다면 어찌되겠느냐? 또한 닭 때문에 이웃집 채소밭이 망가져 사람들과 아침저녁으로 싸운다면 또 어찌되겠느냐?

너는 어떤 식으로 하는지 모르겠지만 닭 키우는 방법에 대한 책을 하나 쓰면 어떻겠느냐? 닭에 관한 글들을 모아 계경(鷄經)을 만들면 좋을 것 같구나. 육우가 지은 『다경』이나 유득공의 『연경』처럼 말이다.

일상생활의 잡다한 일을 하면서도 선비의 깨끗한 취미를 갖고 지내려면 언제나 이런 자세를 취해야 한다.

횃대 횃대란 새장이나 닭장 속에 새나 닭이 올라앉아 있을 수 있게 가로로 대놓은 나무 막대를 말합니다. 또한 옛날 옷을 걸 수 있게 방 안에 매달아둔 막대를 지칭하기도 하지요.

계경 계경(鷄經)이란 닭에 관련된 모든 정보를 체계적으로 모아놓은 것을 말합니다. 닭의 성질과 키우는 방법 등 여러 책에서 모은 것과 직접 관찰한 내용 그리고 닭에 대해 지은 시 등을 정리해놓은 것이지요.

생각하는 사이, 커가는 마음

　다산 선생님은 생활에 필요한 여러 일들을 권하면서도 선비의 자세만은 항상 잃지 말라고 하셨어요.
　체면 때문이 아니라 무엇을 하든 도리를 지키고 연구하는 자세가 중요하다고 강조하신 거랍니다. 그래서 둘째아들인 정학유가 닭을 키운다는 말에 좋아하면서도 그 자세에 대한 당부를 했던 것이지요.
　남들과는 다르게 다양한 방법을 써보라고 부탁하셨네요. 그래야 키우는 재미도 있고 또 결과도 좋을 수 있다는 것입니다. 그런데 오직 이익만을 생각하면 안 된다고 하셨어요. 결과보다는 그 과정에 더 흥미를 갖고 노력하는 자세가 필요하다는 뜻이지요.
　그래서 닭에 대한 책을 써보는 것도 좋겠다고 하신 거랍니다.
　실용적인 것을 중요하게 생각하셨던 선생님은 머릿속에만 가둬두는 학문이 아닌 실생활에서 쓸 수 있는 것에 관심을 두셨어요. 선생님을 실학자라고 부르는 이유도 여기에 있답니다. 실제로 선생님은 문학과 철학 그리고 역사는 물론 농업과 의학 등 실용적인 분야에 관련된 책들도 많이 남기셨어요.
　그런 선생님의 영향을 받아 정학유도 앞서 말했듯이 『농가월령가』라는 소중한 업적을 남긴 게 아닐까요?

여러분도 어떤 일이든 남과 다른 자세와 연구로 몰두한다면 더 좋은 결과를 얻을 수 있을 거예요. 물론 나름대로 흥미와 자부심도 생길 테고요.

소중한 이야기

큰아들 정학연이 다산 선생님을 찾아왔을 때의 일입니다. 강진 읍내 주막의 한 칸짜리 방에 살던 선생님은 큰아들과 지낼 곳이 마땅치 않아 고민이 되었지요. 생각 끝에 읍내 뒷산으로 올라가 사정을 해서 겨우 보은산방(고성사 내 칠성각)에 머물 수 있게 되었어요. 이곳에서 선생님은 큰아들에게 못 다한 공부를 가르치며 한 가지 당부를 했지요.

"내게서 글을 배워 돌아가거든 네 동생을 가르쳐야 한다."

함께 지내며 공부를 하는 큰아들을 보는 순간 집에 남아 닭을 키우는 등 생업에 고생하고 있을 둘째아들이 떠올랐기 때문입니다.

실학자 실학자(實學者)란 조선시대 중기에 실학사상을 주장한 사람을 말합니다. 여기서 '실학'은 실제로 실생활에 쓰이는 학문이지요. 그래서 다산 선생님은 이를 바탕으로 무거운 물건을 들어 올릴 수 있는 거중기와 돌이나 나무 등을 실어 나르는 수레인 유형거를 고안해내신 거랍니다. 그 결과 많은 노동력과 비용을 절감할 수 있었지요.

내일을 위해 나무를 심어라

학연이, 학유 두 아들 보아라.

시골에 살면서 과수원이나 채소밭을 가꾸지 않는다면 천하에 쓸모없는 사람이 되고 만다.
나는 지난번 국상 때 바쁜 가운데도 소나무 열 그루와 향나무 한두 그루를 심은 적이 있다.
내가 지금까지 집에 있었다면 뽕나무 수백 그루, 접붙인 배나무 몇 그루, 옮겨 심은 능금나무도 몇 그루 정도는 됐을 것이다. 닥나무는 지금쯤 이미 밭을 이루었을 것이다.

옻나무는 다른 밭 언덕으로 뻗어나갔을 것이고 포도나무도 군데군데

줄을 타고 덩굴이 뻗어 있을 것이다. 파초도 네다섯 뿌리는 족히 가꾸었을 것이다. 쓸모없는 땅에는 버드나무도 대여섯 그루 심었을 것이고, 마을 뒷산 소나무는 이미 자라 그 끝이 하늘에 닿았을 것이다.

너희가 국화를 심었다는 소식을 듣고 반가웠다. 국화 한 이랑은 가난한 선비의 몇 달 양식이 될 수도 있다. 그러니 한가하게 꽃구경만 하고 있으면 안 될 것이다.

생지황, 반하, 길경, 천궁 같은 것이나 쪽나무와 꼭두서니에도 정성을 기울여 잘 가꾸도록 하여라.

다산 선생님의 말씀

큰 흉년이 들면 굶어죽는 백성들이 많아진다. 하늘을 원망하는 사람도 있는데 굶어죽는 사람 대부분은 게으르기 때문이다. 하늘은 게으른 사람을 가장 싫어하는 법이다.

국상 국상(國喪)이란 백성 전체가 상복을 입어야했던 왕실의 초상으로 여기서는 정조 임금이 세상을 떠났을 때를 말하지요.

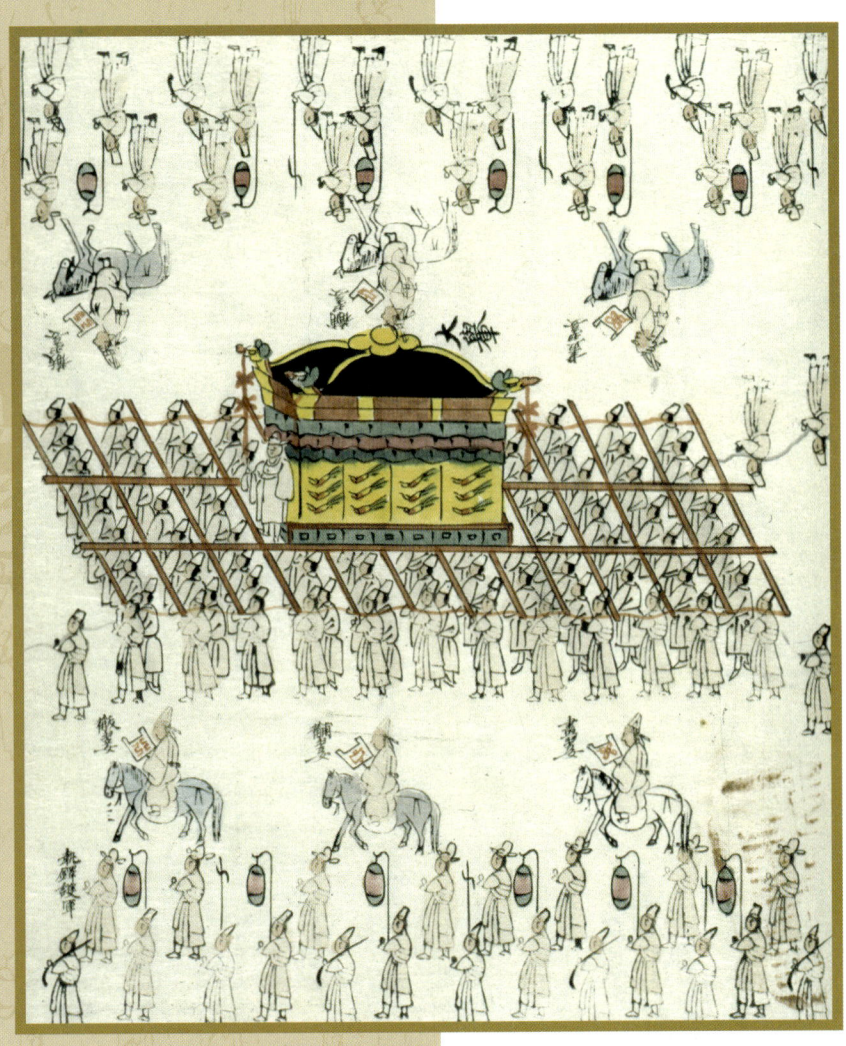

정조국장 규장각 소장

 ## 생각하는 사이, 커가는 마음

   다산 선생님은 정조 임금이 돌아가셨을 때도 나무를 심었다며 두 아들에게도 권하고 있는 편지군요.

   더군다나 시골에서 살면서 나무를 심지 않는다면 쓸모없는 사람이 된다고까지 하셨어요. 나무는 숲을 이루어 맑은 공기를 주고 아름다운 풍경을 꾸미는 소중한 존재지요. 홍수를 막아주고 산새와 온갖 동물들이 살아갈 수 있는 터전이기도 합니다.

   하지만 선생님은 그런 소중함 위에 한 가지 더 실생활에 도움이 되는 면도 생각하신 것 같네요. 그래서 다양한 나무에서 열리는 열매와 그 밖의 수확물에 대한 중요성도 언급하신 게 아닐까요. 그런 마음이라 두 아들이 국화를 심었다는 소식에 반가워하셨죠. 실생활에 유용하게 쓰일 것이니 잘 가꾸고 다른 식물에도 관심과 정성을 쏟으라는 말씀도 하셨네요.

   국화는 주로 보고 즐기는 용으로 쓰이는데 동양에서 관상식물 가운데 가장 역사가 오래 된 꽃이랍니다. 더군다나 우리나라에서는 오래 전부터 사군자의 하나로 귀하게 여겨왔지요. 추위에 아주 강한 꽃이 국화이기도 해요. 국화는 서리를 맞아도 꺾이지 않는다는 속담도 있듯이 어떤 시련에도 굽히지 않는 절개와 의지를 나타내지요.

사군자 사군자(四君子)란 동양화에서 고상하고 깨끗함이 군자와 같다는 뜻으로 매화·국화·난초·대나무를 일컫는 말이랍니다. 그래서 예로부터 선비들이 자주 이를 소재로 삼아 그리기도 했지요.

채소밭 가꾸기에도
신경을 쓰거라

너희들 보아라.

채소밭을 가꾸는 데에는 땅을 반반하게 고르고 이랑을 바르게 하는 일이 중요하다.

땅을 깊게 갈고 흙을 잘게 부수어 분가루처럼 부드럽게 해야 한다. 씨는 항상 고르게 뿌려야 하며, 옮겨 심을 때는 사이가 너무 붙지 않게 해야 한다. 아욱 한 이랑 무 한 이랑씩 심어 두고, 가지나 고추 같은 것도 각각 구별해서 심어야 한다.

마늘이나 파 심는 일에도 힘쓸 것이며 미나리도 심을 만한 채소임을 잊지 말거라. 또한 한여름 농사로는 참외만한 것도 없으니 잘 기억해 두어라.

　　비용을 절약하고 농사에 힘쓰면서 부업으로 흡족한 결실을 얻을 수 있는 것이 채소밭 가꾸는 일이다.

　　땅은 거짓말을 하지 않아 정성껏 뿌리고 가꾼대로 그 대가를 주는 법이란다.

　　이 점을 항상 명심하여 게을리 하지 말거라.

생각하는 사이, 커가는 마음

　다양한 분야에 관심과 지식이 풍부한 다산 선생님이 이번에는 채소밭 가꾸기에 가르침을 주셨어요.

　여러분도 학교에서의 체험학습이나 가족과의 주말농장을 통해 다양한 채소를 심고 가꿔본 적이 있을 거예요. 그럴 때의 기분은 신기할 정도로 들뜨고 기대감으로 부풀게 되지요. 왜냐하면 채소가 조금씩 자라는 모습에서 신비함과 뿌듯함이 들기 때문입니다.

　선생님도 그것을 잘 알기에 두 아들에게 채소 가꾸기를 권하신 것 같아요. 하지만 보다 잘 가꾸기 위한 여러 요령과 자세를 챙겨주시는 것도 잊지 않으셨네요.

　선생님은 어떤 일을 권하실 때 항상 바른 자세를 강조하셨어요. 정성을 다해 몰두하며 진지하게 연구하는 모습 그리고 그 결과로 생기는 소중함에 대한 깨달음까지 주려고 하셨죠. 그 마음은 그래서 지금까지 오래토록 전해져 많은 사람들에게 교훈과 감동을 주고 있는 것 같네요.

　여러분도 항상 그런 자세로 책을 보고 공부를 하고 또 부모님께 효도를 하면서 더 많은 사람들을 사랑할 수 있는 소중한 존재가 되었으면 해요.

소중한 이야기

하늘은 새나 짐승에게는 발톱을 주고 뿔을 주었으며 날개와 날카로운 이빨을 주었으며 독을 주기도 했어요. 저마다 필요한 것을 주어 재난에서 벗어나도록 한 것이랍니다. 그런데 사람만은 연약하게 만든 이유가 무엇인지 아세요? 바로 사람에게는 슬기로운 생각과 도리에 맞는 자세가 있기 때문이랍니다. 그것을 통해 기술과 재주를 터득하게 하여 스스로 생활을 꾸려가도록 한 것입니다.

다산 정약용 선생님은 조선시대 후기의 대표적인 실학자로 정치가이자 뛰어난 과학자와 발명가이기도 한 분이랍니다.

항상 백성들이 잘 살기를 원해 실생활에 도움이 되는 실학을 완성시켰지요. 또한 유배생활을 하면서도 쉬지 않고 학문에 몰두해 5백여 권에 이르는 책을 쓰기도 했어요. 한편 유배지에서도 두 아들에 대한 사랑과 교육에 심혈을 기울여 유능한 학자이면서 훌륭한 아버지로서 지금까지 존경받고 있답니다.

제4장

다산 정약용 선생님은 어떤 분이셨을까?

역사의 소용돌이 속에서

　조선시대 후기에 살았던 다산 정약용 선생님은 뛰어난 학자이자 정치가였죠. 정조 임금은 그런 다산 선생님을 누구보다 믿고 좋아했어요. 그런데 정조 임금이 1800년에 세상을 떠나자 그 다음해부터 조용하던 조선에는 권력싸움으로 혼란의 소용돌이가 시작되었답니다.
　조선은 그동안 임진왜란과 병자호란을 겪으면서 많이 약해진 상태였어요. 백성들은 굶는 일이 많아 대부분이 가난하게 살며 어려움을 겪고 있었지요. 그런데 정치 싸움으로 사회가 혼란에 빠지자 더 고통스러울 수밖에 없었답니다.
　백성들이 생활하기 힘들어지자 뜻있는 학자들이 나섰어요. 어려움에 처한 현실에 도움이 되고자 실용적인 학문을 연구하기 시작한 것이지요. 이것이 실학으로 다산 선생님 역시 그런 생각을 품고 온힘을 기울이셨지요.

　그 무렵 중국으로부터 서구문물과 과학기술 그리고 천주교가 들어와 과거보다 더 많은 영향력을 끼치고 있었어요. 이런 서양 학문을 '서학(西

명례방 현 서울 중구 명동에 있었던 이곳에서 정기적인 천주교 집회가 열렸다.

學)'이라고 했는데 조선의 실학자들에게 적지 않은 영향을 주었어요. 실학자들은 서학을 적극적으로 받아들였는데 선생님도 예외는 아니었지요. 특히 백성들의 고통을 가슴에 깊이 새기고 있던 선생님은 누구보다 서학에 관심을 갖고 연구하기 시작했어요.

그런데 이 과정에서 천주교와 연관된 사람들과 만났던 것이 문제가 되어 훗날 큰 어려움을 겪게 된 것이랍니다.

정조 정조(正祖, 1752~1800)는 조선시대 제22대 임금으로 이름은 이산이고 영조 임금의 손자이자 사도세자의 아들이랍니다. 과거제도를 개선하고 당파를 가리지 않고 골고루 등용시키려는 '탕평책'을 실시했지요. 규장각을 설치하고 실학을 중시한 임금이기도 해요.

실학 실학은 백성들의 실생활에 쓰일 수 있는 실용적인 학문을 말하지요. 또한 양반사회의 잘못된 점들을 개선하려고도 했어요. 사실에서 뜻을 구하는 '실사구시', 세상을 바로 잡는 '경세치용', 실생활에 활용할 수 있는 '이용후생'의 학문이었어요.

> 정조 7년(1783) 다산 선생님의 매형이기도 한 이승훈이 중국에서 조선 천주교 사상 처음으로 영세를 받고 천주교 신자가 되어 돌아왔어요. 그 후 조선에 천주교 신자가 늘어나기 시작하자 조정에서 반대하던 사람들이 탄압하기 시작했지요. 하지만 정조 임금은 학문을 발전시키려는 정책을 펼치고 영의정인 채제공이 수습하고 나서 큰 문제는 되지 않았답니다.

천주교에 대해 너그럽던 정조 임금이 세상을 떠나자 반대파들이 움직이기 시작한 거예요. 그들은 천주교를 못마땅하게 여기고 있던 세력들이라 그것을 핑계 삼아 순조 1년(1801) 신유박해(辛酉迫害) 사건을 일으킨 것입니다.

정조 임금의 편에 섰던 남인 계열의 시파를 북인 계열의 벽파가 탄압을 한 것이지요. 이 사건으로 다산 선생님을 비롯해 둘째 형님인 정약전과 셋째 형님 정약종 등이 옥에 갇히게 되었어요. 정약종은 사형에 처해졌고 선생님은 정약전과 함께 유배를 갈 수밖에 없었답니다.

> 신유박해로 인해 정약전은 전라남도 신지도로, 다산 선생님은 경상북도 포항으로 유배되었어요. 그러나 곧 천주교도인 황사영(다산 선생님 큰형님인 정약현의 사위)이 박해받은 내용과 대책을 외부에 알리려다 발각된 '백서사건'이 일어났지요. 한성으로 다시 불려와 조사를 받은 정약전은 흑산도로, 다산 선생님은 전라남도 강진으로 각각 옮겨가게 되었어요.

다산 선생님의 어린 시절

다산 선생님은 영조 38년(1762) 경기도 광주군 초부면 마현리(현 경기도 남양주시 조안면 능내리)에서 태어났어요. 진주 목사를 지낸 아버지 정재원과 어머니 해남 윤씨의 4남 1녀 가운데 넷째 아들이었지요. 어머니는 고산 윤선도의 후손으로 유명한 서화가 윤두서의 손녀랍니다.

선생님은 4세 때부터 천자문을 배우기 시작해 그 후 책읽기를 좋아하는 총명한 아이로 자라게 되었어요. 신동이라고까지 알려졌는데 7세 때 지은 '산'이라는 시가 그것을 증명해주기도 해요.

> 작은 산이 큰 산을 가렸으니(小山蔽大山)
> 멀고 가까움이 다르기 때문이네(遠近地不同)

이 시를 본 아버지 정재원은 "사물을 보는 슬기를 가졌으니 크면 역법과 산수에 뛰어난 인물이 될 것이다"고 말했답니다.

여유당 정약용의 생가. 경기도 남양주시 다산 유적지 안에 있다.

선생님에게 있어 아버지는 훌륭한 스승과 같은 존재였지요. 그 좋은 일화가 있답니다.

> 어느 날 어린 다산 선생님이 아버지 앞에 불려갔는데 회초리와 불호령이 기다리고 있었어요. 아버지가 화를 내며 바지를 걷어 올리라고 하자 어쩔 수가 없었지요. 아버지에게 회초리로 맞던 선생님은 그 이유를 알 수 없어 물어보자 근엄한 목소리가 날아들었어요.
> "어제 친구들과 함께 호박에 말뚝을 박으며 놀았다던데 그게 잘한 짓이라고 생각하느냐?"

그때서야 생각난 선생님은 너무 재미있는 일이라 그랬다고 대답을 했지요. 더욱 화가 난 아버지가 크게 꾸짖었어요.

"아무리 어린 아이라고 하지만 농부들이 가꾼 곡식이나 농작물로 장난쳐서는 절대 안 된다. 너는 재미로 할지 모르지만 그것을 심고 가꾸기 위해 땀과 정성을 쏟은 농부들을 생각해 보아라. 다시는 그런 장난을 하지 않겠다고 약속할 수 있겠느냐?"

선생님은 크게 뉘우친 바가 있어 다시는 그러지 않겠다고 굳게 약속을 했답니다.

늘 옷에 흙을 묻히고 다닐 정도로 어린 시절 다산 선생님은 장난이 심한 편이었다고 해요. 하지만 지방 관리였던 아버지를 따라 전국을 돌아다니며 일찍 철들 수 있는 많은 것들을 접하게 되었지요. 농부 등 일반 백성들이 실제로 어떤 생활을 하고 있는지 파악할 수 있었고요. 지방 관리들이 어떻게 일을 하는지 직접 볼 수 있는 기회가 되기도 했어요.

이런 경험들이 선생님의 학문과 사상에 큰 영향을 미쳤고 『목민심서』 등의 책을 쓸 수 있는 밑거름이 되었던 거예요.

그 후 선생님은 15세에 병마절도사를 지낸 홍화보의 딸(풍산 홍씨)과 결혼했어요. 또한 아버지가 호조좌랑으로 다시 벼슬을 하게 되자 한성으로 와서 살게 되었지요. 이것이 선생님에게 학문에 대한 새로운 시야를 열어주는 계기가 되었답니다.

16세 때 실학의 선구자인 성호 이익이 쓴 『성호사설』을 보고 감동을 받아 실학에 관심을 갖기 시작했어요. 그리고 이가환, 이승훈 등에게 가르침을 받으며 이익의 학문을 이어갔지요.

이때를 선생님은 훗날 이렇게 회상하셨어요.

"한성에는 이가환이 문학으로 이름을 떨치고 있었고 매형인 이승훈도 학문에 힘쓰고 있었다. 모두 성호 이익 선생의 학문을 이어받아 뜻을 펼치고 있는 중이었다. 그래서 나도 성호 선생이 남기신 글들을 보고 기꺼이 학문을 해야겠다고 마음을 먹었다."

실학정신의 과학자로, 발명가로

정조 7년(1783) 봄 22세가 된 다산 선생님은 진사시험에 합격해 최고의 교육기관인 성균관에서 공부를 하게 되었답니다. 선생님은 성균관 우등생으로 이때부터 정조 임금의 눈에 띄어 총애를 받기 시작했어요.

다음 해인 23세 때 선생님은 큰형님인 정약현의 처남 이벽에게서 천주교 대해 이야기를 듣게 되었어요. 또한 이탈리아 선교사 마테오리치가 쓴 『천주실의』 등의 책을 접할 수 있었지요. 하지만 선생님은 공부 때문에 다른 일에는 마음을 쓸 겨를이 없었어요. 잠시 천주교에 관심을 갖기는 했지만 깊이 빠지지는 않았던 거예요. 하지만 이 일은 그 후 선생님의 운명을 갈라놓는 불씨가 되고 말았답니다.

선생님은 정조 13년(1789) 문과에 합격해 동부승지, 병조참의, 우부승지, 형조참의 등 여러 벼슬을 거쳤어요. 또한 대신들이 올린 의견에 따라 규장각의 초계문신이 되어 정조 임금의 측근으로 활동하게 되었답니다.

규장각 규장각은 정조 임금이 즉위하면서 젊고 학문적 자질이 뛰어난 인재들을 선발해 만든 것이에요. 그들로 하여금 역대 임금들과 관련된 글과 자료들을 관리하게 했어요. 한편 더욱 학문에 정진하게 한 그들을 훗날 개혁의 중심세력으로 삼으려고도 했던 것이었죠.

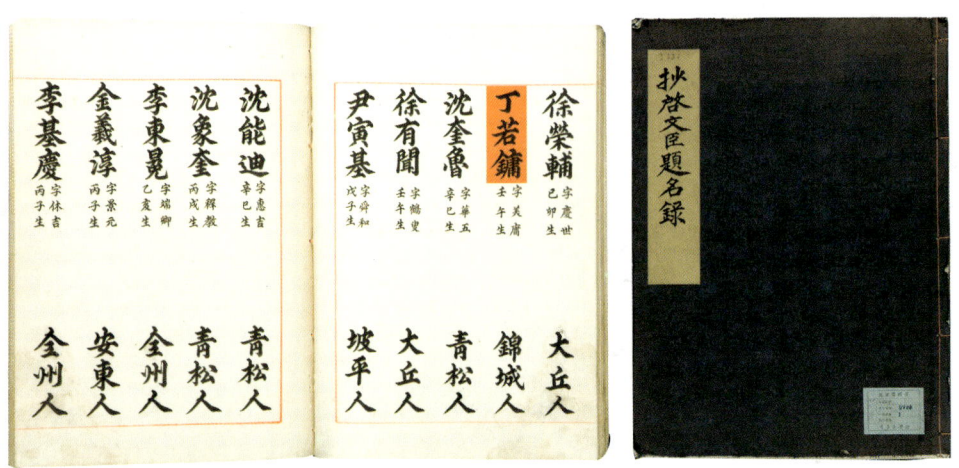

초계문신제명록(抄啓文臣題名錄) 초계문신들의 명단을 정리한 책. 초계문신은 정조 임금이 37세 이하 문신을 뽑아 경서와 시문을 익히게 한 뒤 시험을 봐 상을 주던 제도이다. 정약용은 1789년에 초계문신으로 선발되었다. 규장각 소장

그 무렵 선생님은 많은 사람들이 깜짝 놀랄만한 발명품을 세상에 내놓기도 했어요. 그 발명품이 담긴 깜짝 상자를 함께 열어볼까요?

◆ **배다리**

정조 임금이 아버지인 사도세자가 묻힌 현륭원이 있는 수원으로 갈 때면 한강을 건너야 했어요. 이때 건널 다리가 없어 다산 선생님이 설계해 만든 것이 바로 배다리랍니다.

선생님이 28세 때인 정조 13년(1789) 겨울의 일로 배를 나란히 붙여 띄우고 그 위에 임시로 다리를 놓는 방법이었지요. 현재의 서울 동작구 노량진에서 남쪽으로 놓여 졌는데, 동원된 배가 약 60여척이고 군사도

1천 명이 넘었다고 해요.

   그 규모를 한번 상상해 보세요. 길고 긴 배다리가 한강에 놓이고 그 위로 대규모의 임금님 행차가 지나갔던 거예요. 행렬을 이룬 인원이 1,779명이나 되었다고 하니 장관이 아닐 수 없네요. 조선시대의 뛰어난 기술을 보여주는 한 장면이기도 하답니다.

> 배다리를 건설하려고 할 때 그 규모가 엄청나고 비용 또한 적지 않아서 조정의 대신들이 처음에는 반대를 했어요. 하지만 계획대로 진행이 되고 예상보다 장점들이 많아지자 모두들 놀랄 수밖에 없었지요. 정조 임금뿐만 아니라 백성들도 배를 타고 건너는 것보다 안전하고 쉬워져 대환영을 했으니까요.

배다리 정약용의 설계에 따라 60여척의 배를 연결해 한강에 설치했던 다리. 국립중앙박물관 소장

◈ 수원 화성

화성은 정조 임금이 동대문구 배봉산에 있던 아버지 사도세자의 묘를 수원으로 옮기면서 쌓은 성이에요. 정조 18년(1794)에 공사가 시작되어 2년 뒤에 완성이 되었지요. 정조 임금은 뒤주 속에서 불행하게 세상을 떠난 아버지 사도세자를 늦게나마 좋은 자리로 옮기고 싶어 했어요.

화성은 임진왜란 때 절실하게 그 필요성을 깨달았던 한성의 남쪽 방어기지로도 안성맞춤이었어요. 화성은 이렇듯 실용적인 구조로 되어 있어 동양에서 손꼽히는 성곽 가운데 하나랍니다. 사적 제3호로 지정되었고 유네스코 세계문화유산에도 등재되었지요.

그런데 여기에도 다산 선생님의 지혜와 노력이 포함되어 있지요. 정조 임금이 성을 쌓기 위한 설계안을 마련하라는 명을 내리자 선생님은 독창성을 발휘해 멋지게 해결했답니다.

> 다산 선생님은 정조 16년(1792) 봄에 홍문관의 수찬이 되었어요. 4월에는 아버지가 돌아가셔 시묘살이(3년 동안 부모 묘소 곁에 움막을 짓고 사는 것)를 하게 되었지요. 그런 상황에서 정조 임금이 선생님에게 새로운 일을 맡겼던 것이에요. 선생님이 배다리를 놓은 것을 잘 알고 있던 정조 임금은 그 믿음 때문에 어쩔 수가 없었지요. 선생님 역시 그런 뜻을 잘 헤아려 받아들인 것이랍니다.

선생님은 벽돌을 이용하고 성벽의 중간부분을 안으로 들어가게 하는 등 독창성에 중점을 두었지요. 적군이 성벽을 기어오르는 것을 막기 위한 여러 장치 등이 특징이기도 하답니다.

그중에는 성을 쌓을 때 필요한 '거중기(擧重機)'를 설계한 일도 빼놓을 수가 없네요.

화성 정조는 그의 아버지 장헌세자에 대한 효심에서 화성으로 수도를 옮길 계획을 세우고, 정조 18년(1794)에 성을 쌓기 시작하여 2년 뒤인 1796년에 완성하였다. 실학자인 유형원과 정약용이 성을 설계하고, 거중기 등의 신기재를 이용하여 과학적이고 실용적으로 쌓았다. 1997년 유네스코 세계문화유산으로 등록되었다.

◈ **거중기**

다산 선생님은 정말 뛰어난 발명가였네요.

거중기는 무거운 돌 등을 들어 올리는 데 필요한 놀라운 발명품이랍니다.

선생님은 정조 임금이 중국에서 들여온 『기기도설』이란 책 등을 참고해 개발했어요. 도르래의 원리를 이용해 만든 재래식 기계로 작은 힘으로 무거운 물건을 들어 올릴 수 있는 장치였지요. 지금으로 따지자면 크레인의 역할을 했던 것이랍니다. 몇 안 되는 사람의 힘으로 무거운 돌을 들어 올릴 수 있다는 것은 그 당시로는 정말 획기적인 일이었어요. 왕실에서 직접 제작된 거중기 1대가 쓰였는데 그 역할을 톡톡히 해냈답니다.

화성의 건설은 2년여 동안 연 70여만 명이 동원되었고 공사비만 80만 냥이 훨씬 넘는 어마어마한 공사였대요. 하지만 선생님 덕분에 공사기간도 단축할 수 있었고 비용도 4만 냥 이상 절약할 수 있게 되었지요. 또한 일반 백성들을 강제로 동원하지 않고 돈을 주고 모은 사람들의 노동력으로만 해낼 수 있었답니다.

이는 선생님의 뜻과도 일치하는 것이에요. 선생님은 『목민심서』라는 책을 쓰면서 '백성의 노력을 필요로 하는 공사를 벌일 때는 신중하게 해야 하며, 백성에게 이익이 되지 않으면 해서는 안 된다'고 밝혔거든요.

거중기 정약용이 고안한 발명품으로 무거운 벽돌 등을 들어 올리는 데 사용되었다.

한편 선생님은 '유형거(遊衡車, 유형차)'라는 수레도 새로 고안해 성을 쌓는 일에 도움을 주었어요. 원래 사용하던 수레는 바퀴가 너무 크고 투박해 돌을 싣기가 어려웠어요. 바퀴살도 약해서 부러지기 일쑤였고 제작

화성 화성은 1794년 1월에 시작되어 1796년 9월에 완공된 것으로 실학정신을 가장 잘 보여주는 건축물이기도 해요. 공사비용으로 약 87만 냥이 들었는데 현재의 가치로 따지자면 1천억 원에 달하는 돈이랍니다.

하는 데 비용이 많이 드는 단점도 있었지요.

한편 썰매도 있었지만 몸체가 땅에 닿기 때문에 마찰력이 생겨 밀고 끄는 데 힘이 들었지요. 그래서 이 둘의 단점을 보완하기 위해 만들어진 것이 유형거랍니다.

일단 기존의 바퀴보다 작고 바퀴살 대신 버팀대를 서로 엇갈리게 해서 튼튼하게 만들어졌지요. 수레 바닥도 높게 하고 저울의 원리를 이용해 비탈길에서도 중심을 잡고 빠르고 가볍게 움직일 수 있게 한 것이 특징이랍니다.

유배생활이 헛되지 않은 이유

◈ **꿈을 뒤로 한 채 떠나는 길**

다산 선생님은 정조 임금이 은밀히 내린 명에 따라 경기도 암행어사를 지내면서 지방 행정의 경험을 쌓기도 했어요. 가난하고 억압받는 백성들의 고통을 직접 보고 목민관(지방의 백성을 다스리는 관리)의 자리가 얼마나 중요한지를 절실하게 깨닫게 되었지요. 그래서 백성들을 못살게 군 탐관오리들을 적발해 벌을 주는 일을 했답니다.

선생님은 학문이 뛰어나고 행정 실무에도 탁월해서 정조 임금의 사랑을 더욱 받게 되었어요. 누구보다 나라와 백성을 위해 헌신하던 선생님은 정조

탐관오리 탐관오리는 백성들의 재물을 빼앗는 행실이 바르지 못한 관리를 말하죠. 조선시대 후기에는 토지에 대해 세금을 거두는 '전정', 병역을 면제해주고 대신 군포(삼베나 무명)를 받는 '군정', 가난한 백성들에게 봄에 곡식을 빌려주고 가을에 수확한 뒤 이자를 더해 갚게 하는 '환곡' 이라는 세 가지 행정이 있었어요. 그런데 이것이 잘 이루어지지 않아 '삼정의 문란' 이 생겨났고 백성들은 무거운 세금을 내야했어요. 탐관오리들은 그 틈을 이용해 욕심을 채우려고 백성들을 더 못살게 굴었지요. 이런 부패와 농민에 대한 착취는 결국 순조 11년 (1811) '홍경래의 난' 과 같은 농민반란을 불러오게 되었답니다.

임금이 세상을 떠나자 위기를 맞게 되었어요. 왜냐하면 천주교에 대한 박해가 시작되었거든요. 순조 임금이 11세의 나이로 뒤를 이어 왕위에 올랐지만 아무런 힘이 돼주지 못했어요.

> 정조 임금의 국상을 끝내고 집으로 돌아온 다산 선생님은 자신이 머물던 방의 이름을 '여유당(與猶堂)'이라 지었어요. 겨울 시냇물을 건너는 것처럼 조심하고(여(與)), 주변에서 엿보는 것을 두려워하듯 행동을 조심하라(유(猶))는 뜻이지요. 어쩌면 자신에게 몰아칠 정치적 소용돌이를 예상해서 지켜나갈 자세를 세운 것은 아닐까요.

처음 다산 선생님이 천주교에 관심이 많다는 이유로 반대파의 공격을 받았지만 정조 21년(1797) 그 혐의를 벗을 수 있었어요. 그래서 정조 임금은 선생님을 중요한 자리에 앉히려고 했었지요.

정조 임금이 세상을 떠나기 한 달 전쯤 동부승지로 임용하려고 할 때 선생님은 상소문을 통해 자신의 입장을 다시 한 번 밝혔어요. 한때 천주교에 관심은 있었지만 끝내는 받아들이지 않았다는 내용이었지요. 또한 선생님은 벼슬을 버리겠다는 뜻도 내비쳤는데 정조 임금은 '어떻게 그대를 놓아줄 수 있겠느냐'며 만류를 했지요.

선생님은 정조 임금에게 두터운 신임을 받고 있었지만 그만큼 시기하는 사람들도 많았답니다. 그래서 반대파인 홍의호, 강준흠, 이기경 등이 모함을 멈추지 않았어요. 설상가상으로 선생님이 암행어사로 있을 때 비리가 적발되어 혼쭐이 났던 예전의 경기도 감사까지 적극적으로 거들고 나섰지요. 결국 선생님은 옥에 갇혔고 그 후 기나긴 유배생활을 시작할 수밖에 없었답니다.

> 다산 선생님에게는 평생 시기하는 사람들이 끊이지를 않았어요. 더군다나 양쪽으로 갈라져 싸움만 거듭하던 정치에 휩쓸리지 않으려고 하자 더욱 적들이 생겨났지요. 하지만 선생님은 자신을 시기하고 모함을 한 무리들을 죽을 때까지 한 번도 미워하거나 비난하지 않았답니다.

선생님은 자신의 운명을 받아들였어요. 그리고 좌절하지 않은 채 학문에 몰두하여 실학정신을 이어나갔죠. 그래서 다양한 방면의 학문을 연구해 500권이 넘는 책을 지을 수 있었던 거랍니다. 당시 조선시대 사회의 잘못된 점을 바꾸고 나라를 새롭게 하여 백성들을 살리기 위한 노력이었어요.

◈ 운명으로 여기고 살면서

다산 선생님이 순조 1년(1801) 처음 전라남도 강진에 왔을 때 힘들었다고 해요. 새로운 유배지라 낯설었고 또 경계하는 눈빛도 있었기 때문이었죠. 선생님을 멀리서 구경만 하거나 피하듯 도망치는 사람도 있을 정도였어요.

그때 강진 읍내 한 늙은 주모의 도움을 받아 주막의 단칸방에서 살게 되었어요. 주모는 선생님이 유배를 왔을 때 따뜻하게 맞아준 유일한 사람이에요. 선생님은 이곳에서 약 4년 동안 지내며 여섯 명의 제자를 키웠지만 감시가 철저했다고 전해지네요.

> 다산 선생님은 강진에 도착하자 '북쪽바람 눈 휘몰아치듯 나를 몰아 머나먼 남쪽 강진의 밥 파는 집에 던져놓았구려'라고 참담한 심정을 글로 남기기도 했어요. 하지만 골방이나 다름없는 주막의 단칸방을 '사의재(四宜齋)'라 부르며 마음을 가다듬었지요. 생각을 순수하게 하고 외모를 위엄 있게 하며 말을 과묵하게 하고 행동을 신중히 하겠다는 뜻이에요.

그 후 1805년에는 읍내 뒷산에 있는 고성사 안 칠성각에서 머물 수 있게 되었는데 이곳은 '보은산방(寶恩山房)'이라 불렀지요. 유배생활의 외롭고 고통스러운 시간을 묵묵히 참아내며 독서와 책 쓰기에 몰두했습니다. 선생님은 개인적인 슬픔보다는 어두운 시대를 안타까워했던 것이에요. 그래서 가난하고 고통 받는 백성들을 위해 공부를 하고 역사에 길이 남을 빛나는 책들을 쓸 수 있었던 것이죠.

3년 뒤인 1808년에는 강진 읍내에서 서남쪽으로 약 8Km 떨어진 다산

사의재 정약용이 강진에서 유배생활을 할 때 처음 머물렀던 주막.

(茶山) 기슭의 귤동(橘洞, 현 전라남도 강진군 도암면 만덕리)에 있는 산속 정자로 옮겼어요. 처음에는 초가였던 이곳이 선생님이 유배생활의 남은 10년을 보내며 커다란 업적을 남긴 다산초당(茶山草堂)이랍니다.

다산은 차나무가 많았던 만덕산의 별칭으로 다산 선생님은 이곳에서 자신의 호를 '다산'이라 지었답니다. 그 밖에도 삼미, 여유당, 자하도인 등의 호를 사용했지요. 선생님은 초가의 공부방을 짓고 물을 끌어다 인공폭포와 연못을 만들기도 했어요. 또한 직접 채소도 가꾸며 조용히 자신의 시간을 이어나갔지요.

다행인 것은 귤동은 선생님의 외증조부(윤선도의 증손자)인 윤두서 집안이 모여 살던 곳이었어요. 그래서 조금 먼 곳에 있던 외갓집에는 윤선도로부터 전해진 1천여 권이나 되는 책이 남아 있었지요. 선생님은 이 책을 읽으며 유배생활을 견뎌내고 학문의 깊이를 다져나갈 수 있었어요.

선생님을 존경하며 따르는 사람들도 더욱 늘어나기 시작했어요. 근처에 사는 사람들이 찾아와 기꺼이 제자가 되었고, 한 승려는 선생님에게 감동을 받았다며 부엌일을 자청하기도 했지요.

> 강진에서의 유배생활 동안 순조 10년(1810) 9월 등 몇 차례 풀려날 기회가 있었지요. 하지만 반대파의 방해로 매번 이루어지지 못했답니다. 그럴 때마다 다산 선생님은 반대파들에게 머리를 숙이거나 뜻을 굽히지 않았어요. 소용없는 일에 자존심까지 잃을 수 없다며 모든 것을 자신의 운명이라고 받아들인 결과였지요.

◈ 그리운 사람, 소중한 사람을 위하여

다산 선생님은 함께 유배 생활을 하게 된 둘째 형님 정약전에 대한 그리움과 걱정으로 마음이 편치 않았어요. 정약전은 선생님에게 있어서 누구보다 소중한 존재였거든요.

> 정약전은 다산 선생님의 학문을 알아주고 격려해 주던 마음이 통하는 형님이자 친구 같은 사람이었어요. 그러나 유배를 떠나면서 헤어진 뒤 다시는 서로의 따뜻한 손을 잡아볼 수 없었답니다. 안부를 담은 편지와 쓴 책 등을 보내며 연락은 하고 있었지만 끝내 만남은 이루어지지 못했던 것이죠. 도중에 만날 수 있으리라는 기대도 생겼지만 물거품이 되었고 정약전은 유배생활 16년 만에 먼저 눈을 감고 말았어요.

그러나 무엇보다도 고향에 두고 온 식구들에 대한 그리움으로 마음이 더 무거웠을 거예요. 그 가운데서도 한창 공부를 해야 할 시기인 두 아들에 대한 걱정은 더 심했을 것입니다. 그래서 시간이 날 때마다 편지를 보내 가르침을 이어갔고 또 강진으로 불러 부족한 공부를 계속하게 했던 것입니다. 하지만 늘 곁에 두고 가르침을 주지 못하는 현실을 안타까워했지요. 두 아들에게 보낸 편지에 그 마음이 고스란히 실려 있답니다.

> "내가 유배생활에서 풀려 몇 년 간이라도 너희들과 살 수만 있다면 얼마나 좋을까."

선생님의 뜻과 마음을 누구보다 잘 알고 있던 두 아들은 흐트러짐 없이 더욱 공부에 매진할 수 있었어요. 그래서 훗날 훌륭한 업적을 남겨 선생님과 함께 지금까지 기억되고 있는 거랍니다.

그리던 고향에서 삶을 돌아보며

　다산 선생님이 기나긴 유배 생활에서 풀려난 것은 57세 되던 해인 순조 18년(1818) 가을로 18년만의 일이었어요.
　그리던 고향으로 돌아온 선생님은 처음에는 북한강을 유람하는 등 휴식과 함께 여유로운 생활을 보내기도 했지요. 하지만 자신의 학문과 삶을 정리하는 일도 잊지 않았답니다.
　먼저 그동안 미완성으로 남겨두었던 『목민심서(牧民心書)』를 매듭지었어요. 또한 『흠흠신서(欽欽新書)』, 『아언각비(雅言覺非)』 등을 세상에 내놓았지요.

다산 선생님의 3대 대표 책	
경세유표	문과와 무과의 인원을 동등하게 선발해 관직에 채용하고 지방 관리들의 비리를 없애야 한다는 내용
목민심서	'목'은 백성을 다스리고 보살피는 책임자로 이를 백성이 뽑은 사람이라 여긴 내용
흠흠신서	흠흠은 삼가고 삼가라, 즉 지나치지 않게 하라는 뜻으로 형벌만이 최선은 아니라는 것을 강조한 내용

　특히 선생님은 『목민심서』를 통해 '유배된 사람은 집을 떠나서 멀리

귀양 온 처지이니 슬프고 가엾다. 집과 양식을 주어 편안히 지내게 하는 것도 수령의 책임이다'는 생각을 밝히기도 했어요. 그동안 유배생활을 통해 체험한 어려움과 그에 대한 해결책에 대해 언급한 것이죠. 선생님은 유배에서 풀려났지만 같은 처지에 놓인 다른 사람들을 걱정했기 때문입니다.

순조 22년(1822)에는 회갑을 맞이해 자신이 살아온 60평생을 돌아보는 '자찬묘지명(自撰墓誌銘)'을 짓기도 했습니다. 자신이 세상을 떠났을 때 묘비에 새길 글을 미리 남긴 것이지요. 이는 자서전적인 기록으로 정치적 싸움에 연관되어 잘못 알려질 수 있는 사실들을 바로 잡고자 하는 의도도 담겨 있어요.

또한 선생님은 여러 학자들과 만나 학문을 토론하며 끝까지 연구하는 자세를 잃지 않았답니다.

그러나 다산 선생님도 어느덧 나이가 들어 쇠약해진 몸으로 세상을 바라볼 수밖에 없게 되었지요.

"나는 20세 때 우주에서 벌어지는 모든 현상을 밝혀 정리하고 싶었다. 30세 때나 40세 때나 그런 뜻은 변하지 않았다. 모진 세월을 겪은 뒤 나라와 백성에 관련된 일에 대해서는 관심을 줄일 수 있었지만 경전 해석은 더 파헤치고 싶었다. 비록 몸이 예전 같지 않아 의욕이 나지 않지만 건강이 조금이라도 좋아지면 다시금 불끈 옛 생각이 되살아나고는 한다."

서장대 정조가 화성 성곽의 서장대에서 군사훈련을 관람하는 모습.
국립중앙박물관 소장

정약용의 묘 다산 유적지 안에 있는 정약용의 묘

그렇게 흐르는 세월 속에서 학문과 자신의 삶을 정리하던 선생님은 헌종 2년(1836) 75세의 일기로 눈을 감았습니다. 자택인 여유당 뒷산에 묻혔고, 그 후 순종 4년(1910)에 문도(文度)라는 시호가 내려졌지요.

평소 관심을 잊지 않고 사랑을 베풀었던 자손들과 친척들이 모인 가운데 다산 선생님은 눈을 감았습니다. 선생님은 말년에는 '사암(俟菴)'이란 호를 사용했다고 해요. 이는 '백세이사성인이불혹(百世以俟聖人而不惑)' 즉 '뒷날의 성인을 기다려도 마음이 흐려지지 않는다'는 뜻이에요. 어떤 성인에게도 자신이 추구해온 학문에 대해 질책을 받지 않을 것이라는 자신감이 배어있는 말이기도 하답니다.

다산 선생님은 무엇을 남겼을까?

다산 선생님은 자신이 살았던 시대에는 실용적인 학문을 마음껏 펼치지 못했다고 여겼어요. 그래서 다음 시대에는 그것을 알아줄 사람들이 반드시 나오기를 간절히 원하셨어요.

그런 선생님은 조선시대 후기의 실학을 집대성한 우리나라 과학사에서 빼놓을 수 없는 중요한 인물이죠. 중국에서 전해진 고증학과 서양에서 온 서학 등 새로운 학문을 받아들였어요. 개방적이고 넓게 포용할 수 있는 마음가짐을 지녔기 때문이랍니다.

실용을 추구하여 나라와 백성들이 보다 잘 살 수 있게 연구하는 자세를 잃지 않았어요. 그래서 나라를 꾸려가는 데 필요한 모든 제도와 법규에 대해 연구한 『경세유표』와 지방 관리들이 백성을 다스리는 방법 등을 정리한 『목민심서』 그리고 죄인을 처벌할 때 유의할 점과 자세들을 강조한 『흠흠신서』 등을 남길 수 있었던 것입니다. 이것은 선생님의 정치·사회·경제에 대한 사상을 종합해 보여주는 것이기도 하답니다.

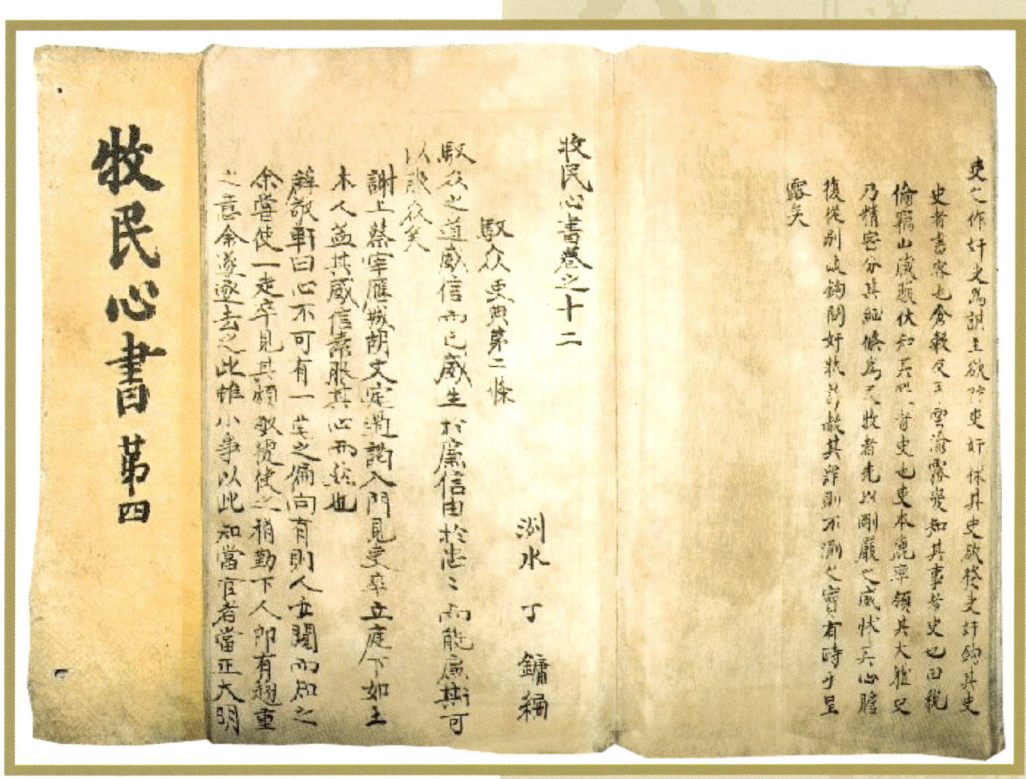

목민심서 정약용이 여러 책에서 지방관의 사적을 가려 뽑아 치민(治民)에 대한 도리를 논술한 책. 전라남도 강진에서 유배 생활을 하는 동안에 저술한 것으로 유배가 끝나는 해인 1818년 완성되었다.

선생님은 문학과 역사와 지리는 물론 농사 등에도 깊은 관심을 갖고 연구했지요. 또한 서양과학에 대한 지식과 기술에도 폭넓은 관심을 보였어요. 그 결과 한강에 배다리를 놓았고 수원 화성을 독창적으로 설계하고 거중기를 만들 수 있었지요. 악성 전염병의 하나인 두창을 예방하기 위한 종두법 연구와 실험 등을 직접 하기도 했답니다.

> 　훗날 한학자이자 역사학자인 위당 정인보는 다산 선생님을 이렇게 평가했습니다.
> 　"다산 선생님 한 사람에 대한 연구는 곧 조선역사의 연구요, 조선의 정신과 명예가 발전하느냐 쇠퇴하느냐에 대한 연구이다."

　선생님이 500권이 넘는 책을 남기셨다고 했죠? 그 가운데 대표적인 것이 앞서 말한 『경세유표』, 『목민심서』, 『흠흠신서』입니다. 이를 '1표(경세유표) 2서(목민심서, 흠흠신서)'라고도 하죠.
　그 밖에도 홍역 치료에 관한 『마과회통』, 서경의 구절을 정리 한 사전인 『상서고훈』, 유교 경전의 이론서인 『중용강의』, 맹자를 요약해 해설한 『맹자요의』, 조선시대 제도 문물을 연대별로 정리한 『문헌비고간오』, 장례의 순서와 방식을 정리한 『상례사전』, 어린이들이 공부할 때 필요한 사항을 뽑아 설명한 『소학주관』, 아름다운 말과 용모에 관한 『소학기언』, 음악교육에 관한 『악서고존』, 주요 하천에 대해 연구한 『대동수경』 등이 있어요.

실학자로서 백성들의 삶에 적극적인 관심을 가졌던 사람은 또 누가 있을까요?

언뜻 생각나는 사람이 없을 정도로 선생님의 뛰어나고 훌륭했던 업적은 높게 평가되고 있답니다.

선생님은 자신의 편안함보다는 백성들을 먼저 생각했어요. 어떻게 하면 백성들이 굶주리지 않고 가난에서 벗어나 잘 살 수 있을지 다양한 방면에 연구를 하고 실천을 했던 학자였지요.

힘든 유배생활 속에서도 의지를 잃지 않으면서 자식에 대한 사랑과 교육까지 베풀었던 아버지로서의 모습도 따뜻하게 전해지네요.

다산 선생님의 정신과 가르침이 잘 담겨진 이 책을 읽고 여러분도 꿈을 펼치는 데 도움이 되었으면 해요.

어떤 꿈을 품든 이 책에서 읽고 느낀 한 가지만이라도 잊지 않고 실천한다면 반드시 이룰 수 있을 거예요.

꼭 그렇게 될 수 있도록 응원할게요.